山崎陽子

# きものを着たら どこへでも

TOKYO 2020

# はじめに

きものを着るようになって７年の歳月が流れました。いまでは３日に１度は、袖を通しています。

１枚の浴衣を楽しんだ２年が幼稚園時代だとしたら、きもの一式を揃えて、四季を通して着るようになった６年間は、小学生時代のようなものかもしれません。読み書きを覚え、四則計算を学ぶように、着付けを習い、季節の装いを知り、ひととおりの経験をすませました。よき師、頼もしい先輩、喜びを分かち合える仲間にも恵まれました。オンライン授業さながら、ユーチューブで帯結びや髪型を自習したこともあります。高学年ではセミフォーマルや喪の装いにも取り組みました。そしていまは、きもの中学２年生に。

ようやく好みのスタイルが見えてきたように思います。

自分に必要か不必要かがわかると、遠回りがなくなります。好き嫌いがはっきりすれば、寄り道が少なくなります。似合うものが見極められたら、迷子にならなくてすみます。たくさん持つよりも、大好きなものだけをそばに置き、惜しみなく身につけたい。世間的に見て足りないアイテムがあったとしても、無理して揃える必要はないと思っています。

お出かけがままならなかった２０２０年も、せっせと着続けました。家着に起伏が生まれ「きものがあってよかった」と実感できたのもよい経験。季節のきものに袖を通し、お茶を点てるひとときは、心の安定につながりましたし、手仕事の美しい織物に触れお手入れする時間は、鬱々とした日々の慰めになってくれました。

おしゃれには「他人の目にどう映るか？」と「自分がときめくか？」の２つのベクトルがあります。和装はドレスコードの面でも、人目を引くといった面でも、洋装に比べ、「他人の目」を意識する比率が高いのは事実です。でも、私自身はときめき優先でいこうと決めました。大きなセレモニーも小さな集まりもかなわなくなった時間を経て、より強く思ったのです。もっと着ること自体を愉しみたい、自由な着こなしでわくわくしたい、と。

心地よく気持ちが上向く着こなし、人と場に心を沿わせた装いが自信につながり、やがて自分のスタイルが生まれる。そうなったとき、また少し違った地平が見えるような気がします。きものに「ほんとうの私」を教えられるような、というのは言い過ぎでしょうか？ルールや他人の目はひとまず脇に置いて、自分のセンスに忠実に。

そんなきものびとがひとりでも増えますように。

もくじ

はじめに …… 4

第一章 大切なのはルールよりストーリー、私らしくいられる着こなしを見つけよう …… 10

秋冬に麻でもいいじゃない。素材は風合いと着心地で選ぶ …… 12
がしがし着て逞しく育てる、単衣の木綿は私の制服 …… 18
手作りのおやつのように。八寸はいとしい暮らしの帯 …… 22
地味すぎず華やかすぎず、江戸小紋のユーモアを着る …… 26
法事の服装マナーを知ったうえでの、私なりの「喪」の装い …… 30
イメージは英国風トレンチ、スリーシーズンコートが大活躍 …… 32
「紋」をカバーして、色無地を二通りに着分ける …… 34
透け感というご褒美、薄羽織で醸し出すマダムらしさ …… 38
袋帯は出ず入らずの２本だけ、華やかな席もふだんの延長線で …… 40
綿の縞は私の勝負帯、故郷の小倉織を誇りに …… 44
真夏のお出かけは、綿絽浴衣を大人の着こなしで …… 46

## 第二章

# どのようにつくられたかを知ることで、きものへの愛はいっそう深まる …… 48


黄八丈とジャワ更紗、ふたりの女性へ敬意を込めて …… 50
「しょうざん生紬」と琉球藍の帯、素材の強さをかみしめる …… 55
〝蝉の翅〟と称される夏の絹、明石ちぢみの繊細さ …… 60
一生着ることはないと思っていた、越後上布との邂逅 …… 65
超絶技巧から生まれる、長板中形の清しい白 …… 70
単衣大島と「藤田織物」の八寸帯、極上の軽やかさを知る …… 75
紅花で染めた置賜紬の優しさと「洛風林」の大らかな意匠 …… 80
懐の深い上田紬に映える、「フォリア工房」の染色 …… 85
畏れ多いと敬遠していた、郡上紬とのご縁 …… 90
１６０亀甲の本場結城紬が誘ってくれた世界 …… 95

## 第三章 古いもののカッコよさを、いまの感覚で着る ……100


浦野理一の真髄に触れられる、経節織と継ぎ裂帯 ……102

長い時を経て艶めく、ざざんざ織と紫根染め ……104

昔きものの証、赤い八掛を楽しんでみるのもいい ……106

ワゴンで掘り出した丸帯を、京袋帯にリメイク ……108

バティックや藍染め、アジアの古い布を帯に仕立てて ……112

着れば着るほど冴える、日本の藍染めの深さ ……116

着られなくなった古い着物も、帯として再生 ……118

貴重な大島紬とは知らず、義母の形見で作ったコート ……120

シミや汚れが取れない着物を、染め替えてみたら ……122

「裏勝り」の粋を味わえる、贅をこらした昔の道行 ……124

みずのしのぶさんのきものの話

「着れば着るほど、着付けをめんどくさくしているのは私たちなのかもしれない、と思うのです」……126

第四章　こうでなければという着こなしに縛られず、遊び心と冒険心できものをもっと日常に……134

新素材浴衣にパナマ帽、ちょっとはずして真夏の無礼講……136

帯を飾るものは、リメイクや手作りも楽しんで……138

余り布の使い道が多いのも、リサイクルなきものならでは……140

ソックスにブーツ、頭巾をかぶって真冬ははいからさん風にトライ……142

スカーフを帯揚げに使ったら、おしゃれなアクセントに……144

ごわごわ？　いえ、柔らかです。デニム着物の予想を上回る着心地……146

おわりに……148

お問い合わせ先……150

# 第一章

# 大切なのは
# ルールよりストーリー、
# 私らしくいられる
# 着こなしを見つけよう

きものを着て出かけると、それが季節や場所に合っているかが気になるものです。私も以前は、着こなし事典を読みながら、「これなら気軽なレストランまで大丈夫」などと確認を怠りませんでした。

でも、そんなセルフチェックがきもののおしゃれを窮屈にしているのかもしれない、と思いはじめたのです。パーティーだから訪問着に袋帯と決めるのは安心かもしれませんが、光沢のある紬にラグジュアリーな名古屋帯が似合う会もあります。

また、季節と素材のマッチングについてもより柔軟に。麻だから、単衣仕立てだからと季節を限定するのではなく、心地よく着られ、見た目に違和感がなければ、それがベストシーズンと考えるようになりました。

お下がりの着物にも、清水の舞台から飛び降りた帯にも、それぞれ「謂われ」や「物語」があります。それが自分のところにやってきた「ご縁」やこう着たいという「心意気」があります。タイトル、登場人物、季節と場面を思い浮かべながら、それらをブレンドしていくとき、自ずとストーリーが生まれるのではないでしょうか。

お仕着せのルールにとらわれず、心のままに着こなしを積み重ねていけば、やがてきものは親密でかけがえのない相棒になってくれると思うのです。

# 秋冬に麻でもいいじゃない。
# 素材は風合いと着心地で選ぶ

物語性のあるテキスタイルとデザインで人々を魅了する『ミナペルホネン』の展覧会、「ミナペルホネン／皆川明つづく」が東京都現代美術館で開催されたのは２０１９年11月のこと。そのオープニングにどうしても締めていきたかったのが、ブランドを代表する名作「タンバリン」の生地で作られた帯です。

『ミナペルホネン』の服が好きで長年着続けているし、雑誌でブランドの特集を担当し、何度か取材や撮影に伺ったことがあり、愛着はひときわ。和装に目覚めてからも、ここのバッグや小物を合わせて、きものとの親和性を感じていました。

帯を製作したのはインスタグラムで知り合った紀亀さん。『エトロ』や『アルマーニ』、『バ<br>バグーリ』など、ハイブランドの生地を見極める眼力、帯に縫うセンスが大好きで、彼女の「タンバリン」をいつか手に入れようとずっと追いかけていたのです。やがて思いがつながりました。

「輪っかを構成するひとつひとつの粒は放射線状になっていて、刺繍糸が重なった中心はツンと尖った三角形。タンバリンの輪っかは一見規則正しいように見えつつも、じつは大きさも形も微妙に違っているのです。さらにざっくりした地の織はルーペで見てみると、さまざ

まな色と太さの緯糸《よこいと》が使われ、ちょっとした小宇宙のよう。とても裁断者泣かせなのですが、誰もがタンバリンをはじめとした『ミナペルホネン』のテキスタイルに魅了されるのは、単なるプリントとは一線を画す仕掛けが、私たちの知覚の奥深くにじんわりと訴えかけてくるからでしょう。平面の布なのに、そこに立体を感じるのです」と、紀亀さんは話します。

ただ気になったのは、この帯の素材が麻だということ。11月に麻の帯でいいのかしら？と。でも、上田紬（p85〜89）に合わせてみたら、まったく違和感がありませんでした。

麻といっても、しゃりっとした薄いリネン（亜麻）もあれば、ゴワっと地厚のヘンプ（大麻）もあります。最近では冬でも麻のシャツが販売されています。洋服なら平気で着るのに、和服となると妙に構えてしまい、私自身が「冬に麻はＮＧ」という思い込みに縛られていたのです。

臆することなくオープニングに締めていき、皆川さんにも喜んでいただけました。それ以来、タンバリン帯は琉球絣や結城紬などの袷の着物に合わせることが増えています。

もう1本持っている紀亀さん製作の『ミナペルホネン』帯が、「パス」です。細かなギンガムチェックの麻地にユーモラスな花刺繍が施された帯は、不思議なことにうすものにも袷にも合います。春に締めれば春の花、冬に締めれば冬の花に見えてしまうファンタジックなモチーフと色使いが、このブランドの力。「通年締められますよ」と紀亀さんに言われたときは半信半疑でしたが、その言葉にうそはありませんでした。

麻といえば、ふっくらした小千谷ちぢみもゴールデンウィークから10月のちょっと汗ばむ日まで着ています。オーガニックラミー（苧麻）の紡績糸を使用した、透け感の弱い織りは、真夏には暑すぎて、むしろ初夏や初秋がいちばん心地よいのです。

小千谷ちぢみといえば夏着物の代表ですが、もう名前や肩書きにはこだわりません。うすもの、単衣、袷というカテゴリーではなく、「ちょっと暑い日の普段着」としてワードローブに加えました。麻だから夏と決めるのではなく、その感触や風合いが体感に合っていればよいのではないでしょうか。

自分で洗うことを前提に、衿裏には麻絽、居敷当てには綿のワッフルをつけてもらいました。お茶をこぼしても、水が跳ねても気にしません。汚れたらネットに入れて洗濯機洗いしていますが、やがて糊が少しずつ落ちて、数年のうちにはよりこなれた風合いになってくれるように思います。

この柄は「小格子」と説明書きがありましたが、私は「ギンガム着物」と呼んでいます。思い起こせば、最初のギンガムの記憶は、5歳のピアノの発表会で着たちょうちん袖のスモッキングワンピース。映画『小さな恋のメロディ』でトレーシー・ハイドが着ていた制服が好きで、パンフレットを元に母にワンピースを縫ってもらったのが12歳。大人になってからも『コム デ ギャルソン』や『アニエス・ベー』のものを身につけてきた私には、なじみ深い柄です。

好きが高じて、いま、私はギンガムチェックの結城ちぢみを織ってもらっています。先日産地を訪ね、染めや糸とり、糸撚り、織り、整理の工程を見学しました。自分の着物が織られていく様子を見たのははじめてのこと。結城でもピカイチといわれる織り手の方は、「こうして織っている時間がいちばん楽しくて幸せです」とおっしゃり、穏やかな表情で糸を打ち込んでいました。「1日に30㎝進めば自分を褒めます」という根気のいる仕事。幸せが織り込まれた着物を着る私は、なんと幸せなんでしょう。

織元では何冊もの生地見本帳を見せていただきましたが、縞や格子のモダンなことといったら！　いい布は、たとえ古びても古くさくはなりません。小さなはぎれになっても訴えかける力を失わず、時代を超えた普遍的な美しさを湛えていました。結城ちぢみが織り上がったら、単衣に仕立てて、季節に関係なく着たいときにじゃんじゃん着よう。それがすべての工程で丁寧に仕事をしてくれた人たちへの敬意の表し方ではないか。帳面を繰りながらそんなことを考えました。

『ミナペルホネン』の麻の帯、ギンガムチェックの小千谷ちぢみと結城ちぢみ。和洋の垣根を飛び越えるテキスタイルの魅力、季節を云々しない布のテクスチャーが、私をより自由な世界へ誘ってくれました。

# がしがし着て逞しく育てる、単衣の木綿は私の制服

木綿着物は、私の日常や旅に欠かせないものです。新しい木綿の厚みや強さは頼もしいし、何年も着てふわふわになった優しい風合いは脱ぐのが寂しくなるほど。それも単衣仕立てなら、なおさらです。

浴衣以外のはじめての綿素材は、私が3代目の持ち主になる古い着物でした（左頁）。誂えたのは著名なきもの研究家の方で、2代目は呉服店の女将。残念ながらおふたりとも亡くなられています。

バチ衿で、暮らしの中でタフに着られてできたシミもありますが、そのシミさえも長年の間に生地になじみ、大して気になりません。何よりいままで味わったことのないようなラクな着心地に驚きました。立ったり座ったり、ごはんを作って食べて後片付けして。そんな動きにも気持ちよくついてきてくれる。海外旅行にも着て行きましたが、機内でもリラックスでき快適でした。

じつはいただいてから3年ほど、私は絹の真綿紬だと思い込んでいました。たまたまお目にかかったその道に詳しい問屋さんから「素敵な木綿ですね」と言われびっくり。鳥取の弓浜か、でなくても山陰の絣だろうと教わりました。

絹と思っていたものが綿だった。それは私にとって、うれしいサプライズでした。なぜなら、絹だとすれば少し慎重になるべきところ、綿なら大らかな気持ちで着こなせるから。水仕事だってなんのその、と思えるかどうかは、大きな違いです。

いまはほかに2枚の木綿着物を愛用中。森山虎雄さんの久留米絣（p117）も芝崎重一さんの座繰り紬（左頁）も手間ひまをかけて織られた貴重なものですし、どちらも天然藍が使われていますが、だからこそ惜しまず着ています。

汚れないように、濡れないようにと腫れ物に触るような着方は、木綿には似合わない。わざと乱暴に扱うわけではないけれど、着たおして、着つぶすくらいのつもりで付き合っていくと、やがて強がっていた糸がほぐれて、からだに寄り添ってきます。

久留米絣は藍染めの胴裏がセットになっていたので、せっかくだからと最初は袷に仕立てましたが、やはり単衣で着たいと思い、5年経過したときに裏地をはずしました。それはいま、郡上紬（p95〜99）の胴裏になっています。いったん水を通した単衣の久留米絣はいちだんと柔らかくなって、思わず頬ずりしたほど。10年、20年後に、この着物たちがどんなふうに育っていくのか、楽しみで仕方ありません。

綿と木綿はどちらも＝コットンですが、綿というそっけない響きより、温もりを感じる木綿と呼びたくなるのは、この風合いゆえ。畳の上に正座じゃなく、ソファに寝転がれるくらいの気楽さで着ています。

# 手作りのおやつのように。八寸はいとしい暮らしの帯

名古屋帯はもっともポピュラーなので、多くの方にとってお持ちの帯の約8割は名古屋ではないでしょうか？　そして、その名古屋のうちの8割ぐらいが九寸帯だろうと思います。八寸と九寸ではたった一寸（約3・8㎝）しか違わないし、九寸は芯を入れて両側を縫い込む分が長いだけで、仕立て上がればどちらも同じ幅になります。でも、そこが大きな違いで、九寸にはしっかりしたハリと端正さがあり、よそゆきに似合うきちんと感があります。織りも染めもありますが、染めの帯は九寸です。

一方、八寸は織りの帯。織りっぱなしの布に、芯を入れずに仕立てることが多いので、そのぶん軽くて優しい印象になります。唯一本綴れはフォーマルに締めてもよいとされていますが、大半はカジュアルです。

芯なしの軽さと柔らかな締め心地、両サイドの耳の表情、すくいで織り出す愛らしい柄、博多献上の粋な独鈷《どっこ》、丹羽布や刺し子など民藝運動が見出した素朴な布など、八寸にはどこか家庭的で親密な味わいが。誰に会うわけでもなく過ごすとき、家族と近所に出かけるとき、たいていは八寸を締めています。

珠玉の短編小説やピアノソナタのように、さりげなくて飽きない。一緒にいて疲れないし

素でいられる。普段着につい手にとってしまうのも、そんなところが理由かもしれません。

織り手の個性やタッチがより直に感じられる八寸は、この数年で少しずつ増え、私にとってはどれも大切な暮らしの帯になりました。逆にいうと、八寸のおかげできものが日常になりました。着付けも適当です。お太鼓がフニャッとしたり歪んだりもしますが、それも良しとします。家で食べる手作りのおやつのように、シンプルな素材と優しい味が身上。

八寸好きが高じて、２０２０年10月には『着物乃塩田』主催で「八寸の会」という帯の展示会まで開いてしまいました。

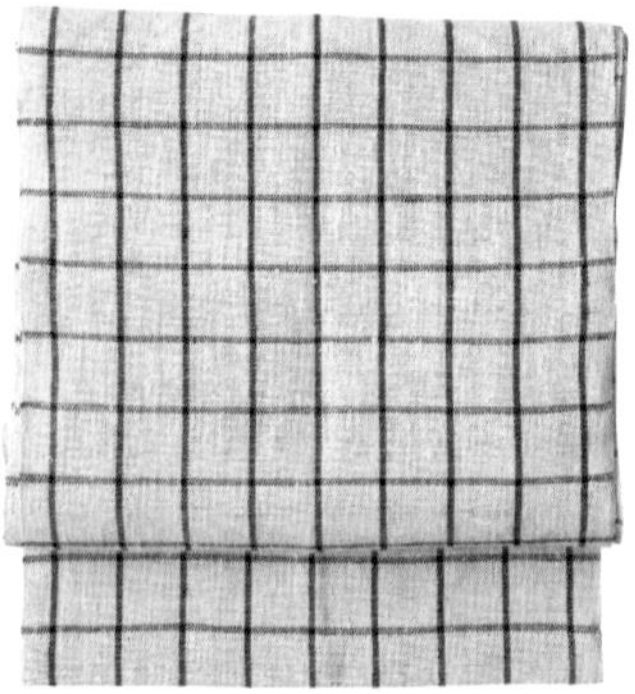

すっきりした諸紙布の格子は、軽くて心地よく、洋服感覚で締められるのが魅力。余った布地で作った手提げも愛用。

鳥や花の柄が描かれた手花織のタッチが可愛い。ツートンの織地の色も味わいがある帯は、アンティークショップで。

『洛風林』の雲取文様は、半練りの生糸が使われ、八寸ながら見栄えがする。京都やスイス、旅先でも活躍した。

美しい紅花染めの作品で知られる米沢在住の染織家・山岸幸一さんが手染め手織りした帯は、深い色に引き込まれる。

手績みの苧麻を井形に織った越後の麻布は、主に夏着物に合わせて。薄くて涼しい濃い色の麻帯は、重宝している。

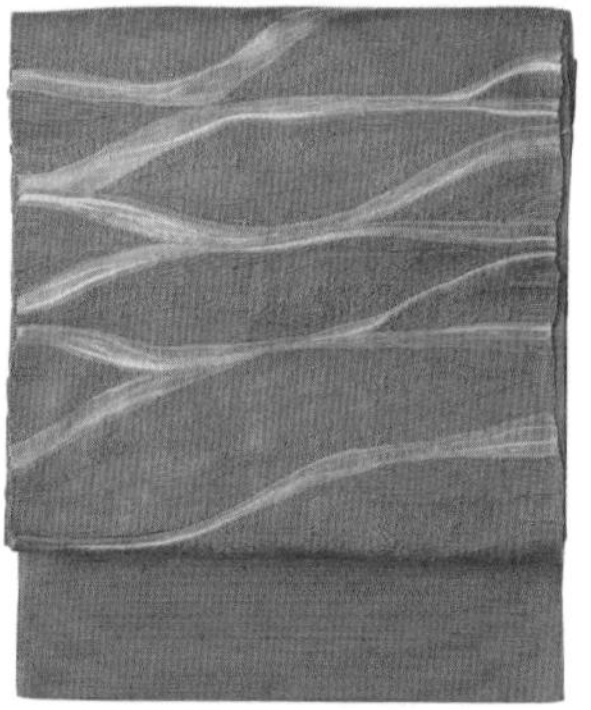

氷割れをすくいで表現した温かみのある色は、春待ちの気持ちを表したいときに。知り合いから譲られた西陣の織。

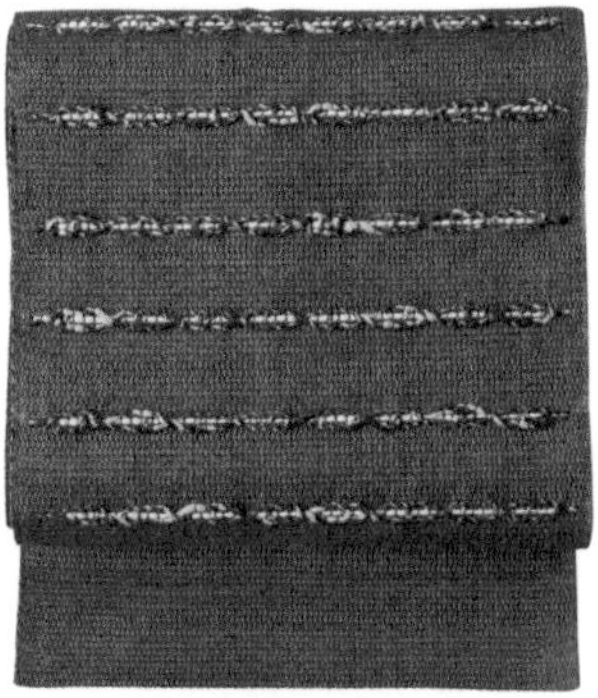

ずっと憧れていた『藤田織物』の八寸は、工房にお邪魔してお話を伺ったうえで選んだ、ドット&クロスライン。

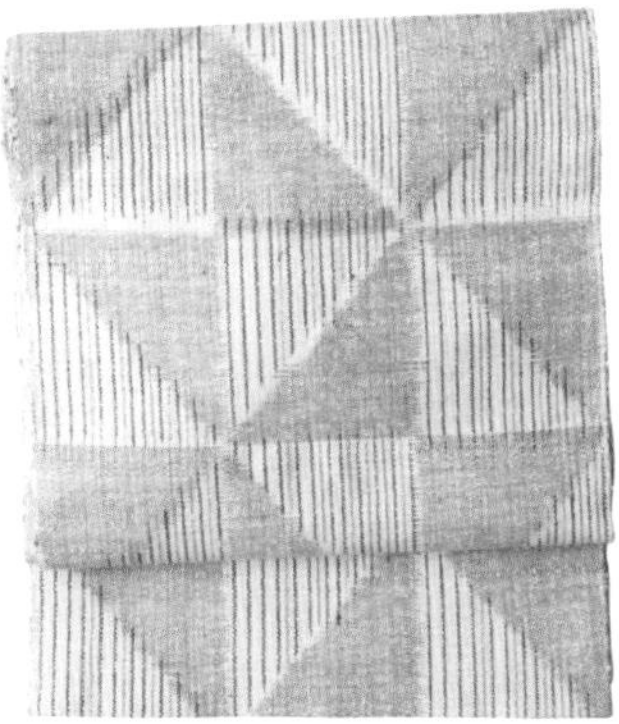

風車を絣で織り出した軽やかな帯は、柄をどう出すかを考えるのも楽しい。『洛風林』の展示会で見つけて。

『洛風林』の花曼荼羅は精錬糸を使ったしっかりしたすくい。70代の女性の織り手さんによる大らかな花が印象的。

丹波布はイラズムス千尋さんの作品。ヤシャブシで染めたグレージュは、素朴でありながらモダンなニュアンスが出る。

# 地味すぎず華やかすぎず、江戸小紋のユーモアを着る

きものの着始めから「ひとつ持っておくと重宝しますよ」と言われ、何度か購入を考えたものの、ぎりぎりのところで決めきれなかった数年。私はずっと江戸小紋難民でした。鮫・行儀・通しの「三役」を代表とする格の高い柄は、紋を入れればフォーマル着にもなり、披露宴、悲しみの席、茶席、パーティーなど、さまざまな場面で着られると勧められました。でも、礼装とはほぼ無縁の私に、そうそう出番があるとは思えません。

ただ、江戸小紋そのものには心惹かれてきました。遠目だと無地に見えるのに、近づいていくと細かな文様が全体に染められていることがわかり、さらに間近でよく見てみると、しだれ桜や松葉散らしといった植物文様はもちろんのこと、「家内安全」や「雪月花」などと漢字が模様になったもの、動物や道具が描かれたもの、縁起を担いだり洒落を効かせたりした柄に気づかされるのです。

もともとは、江戸時代、武士の裃として発展した一色染め。藩の誇りが感じられる格調高い文様、武士の奥方に愛された上品な模様、町人好みのユーモアが感じられる柄まで、心くすぐられるものがあります。たくさんの文様があるので、逆に何を選んでいいかわからなくなってしまうのが悩みの種です。

２０１９年の３月末、東京の『シルクラブ』で行われた「小宮康正 江戸小紋展」へ出かけました。制作過程の写真を見ながら、小宮さんの講演をお聞きし、「伝統は最先端でなければ」「江戸小紋の色は三次元、光の色」とのお話が強く記憶に刻まれました。会場にはさまざまな色柄がずらりと並び、艶やかで深い、まさに三次元の光の色に溢れていました。とかく柄に目を奪われがちな江戸小紋ですが、無地感覚で着られるからこそ、その色が命だと実感しました。

その中から私に囁きかけてきたのがこの子。「あなたはなあに？」とよく見てみたら「狐だよ」と姿を現したのです。一瞬で心が決まりました。私が欲していた江戸小紋とは「これ！」だったのです。渋さと品のよさの中にちょっとした遊び心が潜んでいて、もし江戸時代なら茶目っ気のある商家の女将さんが好みそう、などと想像しました。

艶のあるとろんとしたグレー地は、袋帯や重めの名古屋帯がぴったりで、観劇や同窓会、素敵なレストランにも似合い、年上の方の中でも気後れしません。地味すぎず華やかすぎず、さまざまなケースのよそゆきに活躍しています。今日は江戸解の帯を合わせて、江戸×江戸と洒落てみました。

狐はお稲荷様のお使い。嫉妬深いともいわれますので、着なくても時々たとう紙から出して、話しかけては可愛がっています。

# 法事の服装マナーを知ったうえでの、私なりの「喪」の装い

年齢的に慶事より弔事が増えてきました。私は通夜と葬儀には洋服と決めていますが、その後の法事では時と場合によってきものを着ています。一周忌、三回忌の法事については、地域の慣習や家族親族の考え方に従うのがいちばんでしょう。そこで角を立てる必要もありません。

私の場合、実家も婚家のお寺さんも「こうでなくてはという服装はないですし、喪主以外はノーネクタイでも構いませんよ」という考え方。親戚は高齢で遠方に住んでいるため出席できず、集まるのは私たち家族と、それぞれの弟家族です。一周忌と三回忌は色無地に喪の帯、七回忌以降は落ち着いた地味な帯で出席しています。

単衣と袷の色無地には、目立たない程度の縫い紋を入れてもらいました。これに菊柄の喪の帯、濃い紫や黒い帯揚げ、墨黒の帯締めをすれば、故人に対する礼を伝えられる。三回忌以降は、他人からどう見られるかより、私が父や義父母に対してどう思いを込めるか、あの世から「へえ、きもの着るようになったんだ」「あら、貴女らしいじゃない」と思ってもらえる装いをすればいいと考えています。

私の着物や縫い紋が、厳格な喪服の決まりごとからはずれているのは自覚していますが、

住職の奥さまからは「心のこもったいいお支度ですね」と声をかけられ、これでよいのだと思えました。法要のスタイルも時代とともに変化します。家族だけの小さな法事では、もはや後ろ指を指す人さえいません。それも少し寂しいことかもしれませんが……。

# イメージは英国風トレンチ、スリーシーズンコートが大活躍

最初の数年は着物と帯のことで頭がいっぱいで、コートについては考えが及びませんでした。外套はどうしても後回しになってしまいます。

例えば、洋服のときのトレンチのような汎用性の高いコートがあれば、混み合う電車に乗っても周りの人に気を使わせずにすみます。人が行き来する場所でも、周囲の色に溶け込んで着物や帯を守ることに。雨の日もきもののおしゃれを諦めずに出かけられます。自分だけでなく、周囲の人のためにもコートは必要なアイテムだと感じるようになりました。

大雨が降りしきる6月、呉服屋さんに入ってこられたとある女性は、藤色のぼかしのコートを脱ぐと、土砂降りの中いらしたことがうそのようなさらっとしたきもの姿でご挨拶なさいました。コートの素材をお尋ねしましたら、(冬以外の)スリーシーズン用の絹生地で、繊維そのものに防水加工が施されたレイン対応とのこと。

後日ある展示会で、マニッシュな生地に目が止まりました。ラベルを見たら「スリーシーズンコート用」と書いてあります。「あのときのあの方の!」とすぐに思い出しました。この色と柄なら私が好きな英国ブランドのバッグやスーツケースとも相性がいいかも、とひとめ惚れ。トレンチ感覚の晴雨兼用コートは、いちばん出番の多いアウターになりました。

# 「紋」をカバーして、色無地を二通りに着分ける

お下がりやリサイクルの色無地には紋がついていることが多く、私の場合はそのことで出番が減るのを残念に思ってきました。

この単衣の色無地にも、白い染め抜き紋がありました。染め抜きの日向紋は紋の中でも格上です。少し格を下げたくて、銀鼠の糸で縫い紋を施してもらいました。これなら晴れがましさも中ぐらい、ほどほどの改まった席に着ていけると思ったからです。それでも着る機会はやってきません。２０２０年の単衣の時期は自粛が求められ、着ていこうと思っていたお茶会もなくなってしまいました。

色無地ではあるけれど、このシボのかかったテクスチャーはお洒落着としてもいけるのではないか？　そのためには紋をなんとかしなくては。何かいいアイデアはないだろうか。いつまでも出番のこない着物を前に思案……。

そんなとき、あるインスタグラム投稿に「もしや！」と閃いたのです。私も帯留めなどを愛用しているハンドメイドジュエリーブランド『T.O.D』のシルバーのピンバッチ。着物の衿もとにつけたり、背守りにしたり、和洋を問わず自由に使いこなせるアクセサリーの紹介でした。主にきもの愛好家の男性が求められるそうですが、これを紋の上に被せたら、背守

りになって、フォーマルな色無地がお洒落着っぽく見えるのでは？　と。

　さっそくデザイナーの岡部由美さんに相談しました。紋は直径３㎝の円形、それをカバーできるデザインをいくつか提案してもらい、月と雲のモチーフを選びました。「ピンバッチだと着物を傷つけてしまうかもしれないので、帯留めにしてはどうですか？　ちょっと縫う手間が必要だけれど、それが面倒でなければ二通りに使えますよ」と。素敵なアイデアにふたつ返事。着物になじむように、なるべく平面的に製作していただき、帯留め兼背守りが完成しました。

　十五夜の季節には帯留めとして使い、その後は紋の上に縫い付けて背守りにしました。帯のイベントで着ていたところ、爪掻本綴帯の作家・服部秀司さんは「その背守り、すごくいいアイデア。これ、広めたほうがいいよ」とおっしゃって、写真を撮って帰られました。お茶の先生からも「あら、いい趣向ですね」と言っていただけました。内心、邪道な思いつきを咎められるのではないかとドキドキしていましたが、きものの王道にいらっしゃる方たちから認めてもらえ、心の中でガッツポーズ。

　お茶席や華やかな場面には縫い紋に袋帯を合わせて、気楽な集まりなら背守りに名古屋帯。そんなふうに活用すれば、単衣の色無地という、ただでさえ着る機会の限られる着物も、箪笥の肥やしにせずにすみそうです。

もともとは白い抜き紋だったものを、銀鼠色の糸で縫い紋にしてもらった単衣。お茶席やちょっと改まった雰囲気の会なら、この服部秀司さんによる爪掻本綴れの八寸帯や華やかな袋帯をして、帯締めもフォーマルなものを合わせて出かけたい。

紋を隠すようにシルバーの帯留めを縫いつけて背守りに。こうすればお洒落着に変身。友だちとのごはん、展覧会など、普段着より上、セミフォーマルより下くらいの感覚でさまざまに装える。風神雷神の博多織帯は『西村織物』の展示会で見つけたもの。

# 透け感というご褒美、薄羽織で醸し出すマダムらしさ

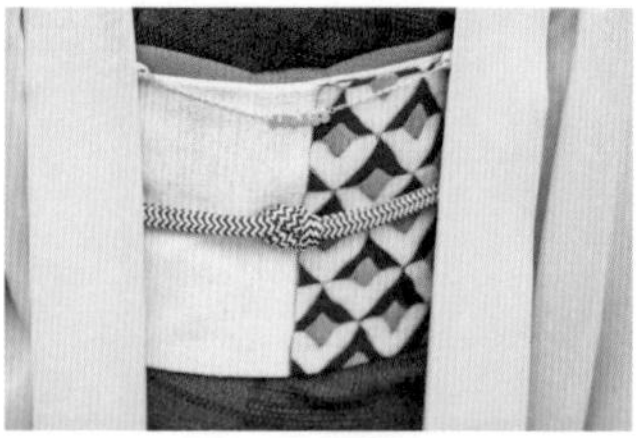

ゴージャスに装うほどではないけれど、お行儀のよさやドレスアップ感がほしい。そんな春から秋にかけてのお出かけに重宝しているのが、透ける紗で作った羽織です。洋服でもレースやシフォンなど透け感のあるものを着るとエレガントに見えるように、着物や帯が透けて見える羽織りものは、それだけで女らしい着姿になります。

薄羽織が欲しいと思ったのは、きものを着始めて２年目。京都御所の春の公開日でした。冬の羽織しか持っていなかった私は帯付きで出かけましたが、和装の方の半数以上が薄い羽織や道中着を着ていたのです。着物や帯がむき出しにならないその姿に、奥ゆかしさを感じました。道中着は中が見えませんが、薄羽織は前に覗く帯周りが想像力をかき立て、透けて見えるお太鼓もきれいで、上級者の嗜みとはこういうことか、と惚れ惚れ。

２０１５年、『銀座もとじ』であられ柄の白生地を選び、色を吟味して染めてもらい誂えた薄羽織。そのプラス１枚の恩恵は想像以上でした。御簾ごしのお姫さまが麗しいように、ベールをかぶった女性がミステリアスなように、ダイレクトではないということが、きもの姿を２割増しに見せてくれるようで。桜の咲き始めから紅葉の時期まで、これさえ羽織っていれば「ちゃんとしたマダムに見える」という安心感が得られました。

単衣の本塩沢に甲斐凡子さんの帯。ぱきっとしたきものも薄羽織が和らげてくれる。

# 袋帯は出ず入らずの２本だけ、華やかな席もふだんの延長線で

袋帯をはじめて買ったのは２０１９年の春先、京都でいちばん小さな織元といわれている『美術工芸啓《ひらく》』の展示会でした。締める予定もなければ、締め方もわからない。でも、私の最初の袋帯はこれしかない、と思ったのです。

金糸が使われているけれどこれ見よがしでなく、幾何学的な図案だからこそ、糸そのものの艶が際立ちます。それまで袋帯を持たずにきたのは、確かに機会もなかったけれど、好きなものに出合っていなかったからだと思い至りました。

私の持っている色無地や付け下げはほとんどがお下がりですが、そういった少し昔の晴れ着がこの帯によって現代的に蘇りました。袋帯の重厚感はありながら仰々しくなく、フェミニン度の低さが私にはちょうどよく、特別な席にも出ず入らず。苦節５年、ようやくセミフォーマルの装いが整いました。

もう１本は未使用に近い『川島織物』のリサイクル帯です。昔から好きで集めている瓢がモチーフで、淡い色使いの古典的な唐織は、いやみがありません。これもたいていの柔らかものに合い、華やかさもほどほどで気に入っています。

かっこよくモダンな１本と、クラシックで優しい１本。この２つの袋帯で、私は今後のセ

ミフォーマルを済ませてしまおうと思っています（断言はできませんが、たぶん大丈夫）。残りの人生で何度あるかわからない華やかな席のために多く持つことは、気持ちの負担になるからです。

よく聞かれることですが、もし息子がきちんとした結婚式を挙げたい、結納もかわしたいということになったら、私はレンタルの黒留袖を着て、着付けもヘアセットもプロに任せようと決めています。そんな機会が訪れるといいのですが、こればかりはわかりません。

右は雪輪の付け下げに『美術工芸啓』の帯、上は立涌の色無地に瓢の帯。礼装はこの２本で。

# 綿の縞は私の勝負帯、故郷の小倉織を誇りに

私が生まれ育った北九州市の小倉は小笠原藩の城下町。玄界灘に面した海沿いは工業地帯で、筑豊が産する石炭のおかげで、いっときは大変栄えた街でした。『無法松の一生』の荒っぽい歌詞そのままの気風です。18歳で上京し、学校を出てそのまま東京で就職し、結婚して子どもが生まれ……、年月とともに故郷は遠のきました。

小倉という土地、拭い去れない記憶を揺り戻してくれたのは、１本の帯です。染織家・築城則子さんが古裂を頼りに復元再生した小倉織。草木で染めた綿糸を縞に織ったその布は、まさに私が思う故郷そのものだったのです。気取ったことが嫌いでバンカラだけれど、心根は優しく逞しい。凛とした縞に方言が重なりました。

イタリアで行われた築城さんの展覧会のカタログを読んでみると、中学、高校、大学の先輩であるばかりか、高校の部活「汲泉」という校内誌の編集まで一緒でした。以来、何度かお目にかかり、お話する機会を得ました。昨年は八幡にある工房をお訪ねし、特別に２２００本を超える糸を整経し終わったばかりの部屋も見せていただき圧倒されました。

小倉織を締めると心が強くなるし、逆にシャンとしていないと帯に負けてしまいます。奥深く品格のある縞は、私にとってはここぞの〝勝負帯〟。華奢な築城さんから、なぜこんな

に強い縞が生まれるのか。お話を伺って、少しずつ謎が解けてきました。「ぶつかって苦しい思いをするより、ひとりのほうがいいの。不器用だから」と、静かな里山でひとり染め、ひとり織る。染まりにくい綿を深い色に導き、手強い糸をあり得ないほど密に織り上げる築城さんに故郷とのつながりを感じ、締めるたびに誇らしい気持ちになるのです。

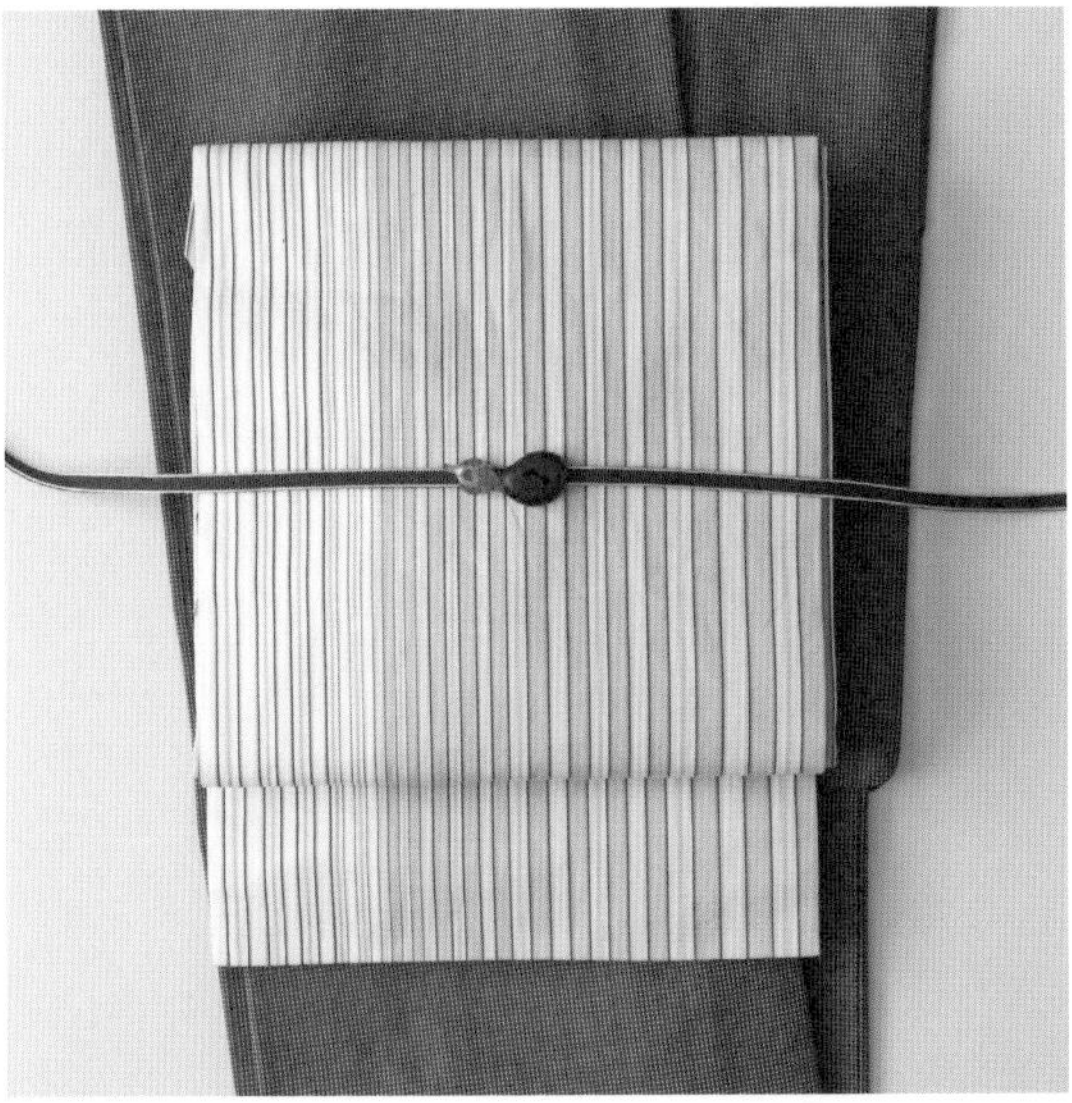

工房から見上げた月にインスピレーションを得たという「幻月」は2015年に行われた個展で。そのときはじめてお目にかかりお話を伺った。

「瀑 2020」と名付けられた帯は、私にとっては絵画だ。まっすぐに落ちる水の清冽さ、光と影、静けさと穏やかさが見えてくる。

# 真夏のお出かけは、綿絽浴衣を大人の着こなしで

猛暑日に何をどう着れば少しでも涼しく感じられるのか？　これまでいろんな実験をしてきました。上布や絹紅梅などの透ける着物は長襦袢に気を使わなくてはなりません。着物自体が薄くても、２枚重ねるとちょっと暑くなってしまいます。奥州小紋や綿コーマは透けないけれど、そのぶん少し地厚。毎夏、頭を悩ませています。

２０２０年の初夏、『竺仙』の浴衣フェアでお見立てを担当したときにも、そんな話題になりました。「ぎりぎり透けないくらいの綿絽を、さらっと長襦袢なしで着るのがいちばんではないかと思うんです」とおっしゃるお客さまがいて、私も実践してみました。果たして、その通りだと実感。ただ、夜のご近所や夏祭り、花火大会ならそれもいいけれど、まだ陽があるうちのお出かけに、襦袢なしでは少々気が引けます。さてはて……。

その後、京都の和装小物店で、半衿とレースの筒袖が付いた半襦袢型下着を見つけて求めました。麻のステテコと麻足袋をはき、長板中形染めの綿絽浴衣を着たところ、夏きもの風のきちんと感が醸し出せたうえ、とても快適だったのです。祇園で見かけた芸妓さんの浴衣姿に憧れて、やっと手に入れた白地の博多織紗献上を締めたら、見た目にもキリリ。綿絽の浴衣が爽やかな大人の外出着になりました。

# 第二章

# どのようにつくられたかを知ることで、きものへの愛はいっそう深まる

私の持っている着物や帯のいくつかは、日本各地の伝統工芸や小さな工房を営む作家の作品で、中には産地で求めた紬、作家さんに直接依頼した帯もあります。譲っていただきよくわからず着ていたところ、「それ、うちで織りました」と出自が判明したこともありました。ある日の装いが、一面雪に覆われた里山で織られた着物に、南の島の風通しのよい工房で染められた帯だったりすると、小さな島国の豊かな染織に感動してしまいます。こんなに多彩な布を産する国があるでしょうか？

自分が着ているものは、できるだけ産地や織元を訪ね、作家さんには直接お会いして、どんなふうに着物や帯がつくられるのかお聞きしてきました。草木染めの味わいのある色、経糸と緯糸が織りなす柄、その風土が生む布は、風景や空気の色、郷土のおかずや地酒、方言や詩歌などとともに、私の心に刻まれました。

染めや織りの現場は厳しい環境と暖かな営みが同居し、力仕事もあれば緻密な作業もあります。根気のいる手の仕事は、オートメーションにはない有機的なゆらぎを生み出し、ひとつでも手を抜くと布はつまらない表情を出してしまう。そんな話を見聞きすると、もう布を抱きしめずにはいられません。布の歴史や生産工程を知る旅は、これからもまだまだ続きます。

# 黄八丈とジャワ更紗、ふたりの女性へ敬意を込めて

　毎年、黄《き》八丈《はちじょう》の単衣に袖を通すのはゴールデンウィークのころ。明るい日差しの中で邪気のない黄色をまとうと、小さな憂さなど飛んでいきます。薄暗くなる夕方、夜の灯のもとでは、その黄色が艶やかな黄金色に変化し、年数を経た蒸留酒のようなコクが生まれます。八丈島の自然が染めた色は、季節や昼夜によって味わいを変える。そこが黄八丈の深さだと思うのです。

　黄八丈に使われる染料は3つ。刈安（イネ科のコブナグサ）の黄、椎の樹皮と泥の黒、まだみ（タブノキ）の樹皮の鳶色です。例えば刈安は、収穫して乾かした後、釜で炊いて煎じ汁を作り、それを絹糸にかけて染め、そのまま一晩漬けおき、翌日天日で乾かしますが、なんとこの作業を20回繰り返してやっと生まれる色なのです。黒も鳶色も大変手のかかる作業によって染められます。

　その歴史は古く、本居宣長の『玉勝間』に、八丈という島の名は「かの絹の名より出づるらむかし」と記述されていることからも、いかに珍重されたかが偲ばれます。けれど、私にとって黄八丈は長いこと、時代劇や歌舞伎などで町娘が着る着物であり、綿入半纏や座布団に使われる生地でしかありませんでした。どちらかといえば安手な印象で、「帯ならともかく、全身を黄色で包むのは気恥ずかしい」とさえ思っていました。間違ったイメージにとらわれていたのです。

　２０１８年1月、着付け師の石山美津江さんに誘われ、彼女が展示に関わった「菊地信子コレク

ション展　世界の古裂で着物にあそぶ」を東京の『シルクラブ』に見にいきました。

菊地信子さん（大正14年生まれ、平成28年没。夫はエミール・ガレのコレクターとして知られた菊地保成氏）は、15～20世紀の更紗をはじめとした古裂の蒐集家として知られ、蒐集するだけでなく着物や帯、半衿などに仕立てて自ら装いました。その姿は〝歩く美術館〟と称された方。展示された世界の美しい染織と、確固たる美意識に裏打ちされた自由な着こなしに圧倒され、オーソドックスなきものや着付けがつまらなく感じられたほどでした。

その展示と同時に、愛用品の形見分けの会も開催されました。予想以上にたくさんの着物や帯の前で、私が何を選んでいいのやら途方に暮れていると、石山さんが「はい、これ。もう滅多なことでは手に入らないから」と黄八丈の着物を差し出しました。「え？　この色は私、着ないと思います」と躊躇すると、「大丈夫。絶対似合うから」と有無を言わさないのでした。信頼するプロがそこまで言うのならと、自分を納得させて連れ帰ったのがこの着物です。

黄八丈にはいくつもの織り方がありますが、これは綾織りで「まるまなこ」と呼ばれるもの。拡大して見ると、二重になった菱形が現れます。この手の込んだ織りが独特の艶を生み、黒と鳶色の格子が落ち着きを与えてくれる。まさに伝統工芸の逸品だとわかりました。

その会では黄八丈が3枚出ていましたが、全部単衣仕立てだったように記憶しています。袷で着る人が多い着物を、あえて単衣で着ていた菊地さんに、理由をお聞きしたいけれどそれは叶いません。でも、初夏のきらめきに黄八丈はよく合うし、はじめは派手すぎやしないかとドキドキした色も、

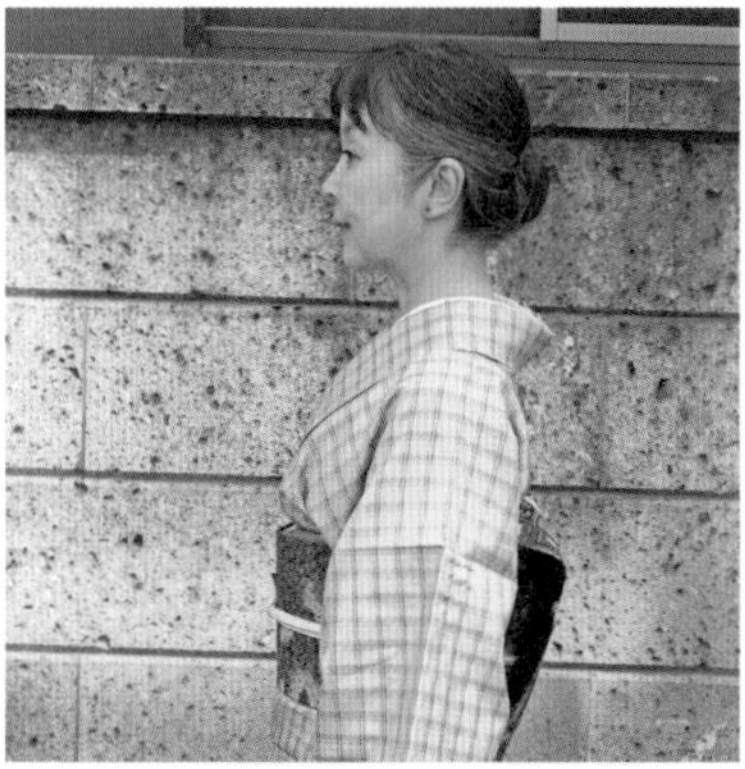

菊地信子コレクションの単衣の黄八丈には黒っぽい帯を合わせることが多い。手描きジャワ更紗Reisiaの名古屋帯は中でもいちばん好きな組み合わせ。練色の帯締めと茶の帯揚げ、山葡萄のかご、黒い草履と日傘など、小物は帯の色から取り、黄八丈の色と艶を生かしながらシックに見えるように心がけた。

黄味の強い日本人の肌によくなじむことを知りました。

今日締めているのは、『手描きジャワ更紗 Reisia』の帯です。

夫の海外赴任に付き添い渡ったインドネシアで精密なバティックに出合った藤井礼子さん。１枚の手描き更紗が専業主婦だった彼女の人生を変えます。時は２０００年の少し前、工業プリントに押され、ジャワ伝統の更紗工房の倒産が相次ぎ、職人も減りつつありました。

「この美しい更紗が廃れてしまったらどうしよう？　職人たちがチャンティン（鑞《ろう》付けの道具）で描く細かく豊かな絵を知ってもらい、仕事を守るために何かできないか？」あれこれ考え、藤井さんは洋服をつくってみました。一時帰国したとき、そのシルクの服を見た方から「あら、帯にいいわね」と。そのひと言がきっかけで、日本人の美的感覚に合うジャワ更紗の帯をプロデュースする決意をしたのです。最初の１本ができたのは２００７年のことでした。

文化や習慣、価値観の違いを埋め、いい作品をつくってもらうには大変な苦労がありました。藤井さんご自身も帰国後は義父母の介護があり、なかなかものごとは進展しませんでした。仕事が軌道に乗り、制作本数が増えたのは、２０１６年くらいからだといいます。でも数年前お会いしたとき、藤井さんはつらかった時期のエピソードも笑い話にしてしまうくらい、明るく強いエネルギーに満ちていました。

世界の古裂に魅せられた菊地さんの黄八丈、手描きジャワ更紗に惚れ込んだ藤井さんの帯。とびきり熱く布を愛するひととつながっていることに感謝して、このふたつを合わせました。

## 「しょうざん生紬」と琉球藍の帯、素材の強さをかみしめる

入梅まぢかの湿度の高い空気が肌にまとわりつくようになると、「生紬（なまつむぎ）」の出番。ところどころに節が織り込まれた単衣は、鬱陶しい季節に、爽やかな着心地を約束してくれます。

純粋な絹なのに、絹ばなれしたざっくりした風合いを持つ生紬。その秘密は？

というと……。

まず原料が「玉繭」であること。玉繭とは2匹以上の蚕が作ったいびつな形の繭で、生糸の原料として機械にかけることができず、普通ははじかれてしまう。いわば、形が悪くて出荷できない野菜のようなものです。

次に糸づくり。玉繭を煮て、「座繰り」という昔ながらの手動糸繰り機を使い、「玉糸」をつくります。2匹以上の蚕が作った繭ですから、吐き出された糸は絡み合っていることも多く、それが独特の節になります。

最後に糸の精錬。絹の原糸は「セリシン」という粘着性タンパク質で覆われています。それをきれいに取り除くことによって、美しく艶やかな絹糸になるのですが、生紬はその精錬工程を途中で終わらせてあえてセリシンを残すのです。

見かけは悪いけれど味のよい素材を、丁寧に下ごしらえし、素材の持ち味を生かして料理する。生紬の糸はそのようにして生まれます。

じつは「生紬」の正式名称は「しょうざん生紬」。京都の着物メーカー『しょうざん』が命名し商標登録されたブランド名なのです。

生成りにブルーグレーのラインが入ったしょうざん生紬に、イラクサと大麻の八寸帯。近江麻の水色の帯揚げ、松原智仁さんの白珊瑚の帯留め、イトノサキの樺細工の下駄はネイビーのホースヘアの鼻緒。蒸し暑い梅雨時は、涼しげに見えるように寒色系の色を効かせる。デニム素材のバッグはルイ・ヴィトンのもの。

『しょうざん』の創業者・松山政雄さんは、戦後いち早くシルクウール着物やウールお召を開発して、財を成しました。やがて訪れる高度経済成長、呉服店は絹の高価な外出着をメインに扱うようになり、普段着は下火に。そんな時代に松山さんが目をつけたのが、赤城山麓の民家で伝え継がれていた玉糸の織り。その紬に「茶や辻」の染めを施した訪問着などをつくったのです。

「ときは１９７０年代のはじめですから、染めの紬なんて邪道だ、単衣で八掛もつかない訪問着などもってのほかと、問屋も小売店も猛反発。しかし、松山の目は常に消費者を見ていました。型摺友禅で、ざっくりした素材に色をのせていくのにはとても高度な技術が必要でしたが、職人たちの腕にも自信がありました。根気強くその良さを伝えるうちに、染めの生紬は、おしゃれなお客様たちに浸透し、いまでは生紬の８割が茶や辻文様。しょうざんの代名詞になりました」と、話してくれたのは、長年『しょうざん』に勤務した奈須誠さん。開発から50年、柔らかものとはひと味違う染め紬は、きもの愛好家の憧れとなったのです。

　私は２０１６年の夏前に、この着物に出合いました。仕立て上がりでしつけ糸がついていた新古品。染めが施されていないぶん、巧まずして現れる節のニュアンスがダイレクトに感じられ、すっかり魅せられてしまいました。

　絹なのにちょっと麻にも似た感触、どんな帯も受け止めるキャンバスのような色、からだのラインを拾わないハリとわずかな透け感……。着始めのころ手強かったコシは、裾が擦り切れるまで着て、お手入れをしているうちに、だんだん優しくなってきました。


　どんな帯も映える着物ですが、６月になるといち早く締めたくなるのが、染織家・西川はるえさんにオーダーしたイラクサと大麻の帯。生紬と麻がタッグを組むと、不快指数が10くらい下がるように感じます。

西川さんの帯に出合ったのは、雑誌撮影のコーディネートでした。野趣に富んだのびのびとした味わいは、麻なのに袷の着物にも似合い、無地ならではのごまかしのない強さがあり、迷わずセレクトしました。

主にネパール産のイラクサ（アロー）と大麻（ヘンプ）の手紡ぎ糸を使い、デザイン、糸の選別、染め、織りに到るまで、ひとりでこなしていらっしゃいます。藍染めは琉球藍の泥藍を自ら建てて、いちばんいい状態のときに染められるよう世話を欠かしません。

私が工房を訪ねたのは、大きな台風が過ぎ去った直後の秋の日。横須賀の先、浦賀の海と空の色がどこまでも青かったのを覚えています。かせの状態のイラクサと大麻を触り、藍甕を覗き、機織りの作業を拝見しました。

藍を基調に縞を入れてもらうことは私の頭の中にありましたが、その縞のピッチや色合いはお任せしました。何もかもひとりでやると覚悟を決め、一切を自分に背負わせる人を私は信用しているし、言葉のやり取りから絶対にいいものができると確信したからです。

２０１８年の4月に、帯が届きました。果たして想像以上の作品で、「夏のほとり」という素敵な題がついていました。「夏そのもの、というよりも、夏の気配・きわ・景色を感じることを想い、この題といたしました」という手紙の文章を、何度も噛みしめました。

プリミティブな生紬はパワフルな帯と呼応し、毎年私を夏のほとりへ連れていってくれるのです。

# 〃蝉の翅〃と称される夏の絹、明石ちぢみの繊細さ

暑がりのくせに、うすものが好きです。「何を着ても暑いのなら、好きなきものを着る」というのが、私の意地。ただひとつだけ心がけているのは、「どんなに暑くても、暑苦しく見えないようにしたい」ということです。

子どもが小学生のころ仲良しだったお母さんは、日舞の名取でした。授業参観や保護者会にもキリッとした和装で参加していましたが、ある夏、白地の縞の着物に黒っぽい帯を締めていた姿があまりにもカッコよく涼しげで、「その着物、なんていうの?」と聞いたことがあります。彼女は「ちぢみよ」と。当時はきものに興味がなく、詳しい話はすっかり忘れてしまったけれど、「ちぢみ」という楽しい言葉の響きは、友だちの小粋な着姿とともに、私の記憶の片隅に残りました。

あれから10年、私が最初に選んだ夏ものも「ちぢみ」でした。

ちぢみとは、糸に強い撚りをかけて織ったあと、湯もみをして撚りを戻し、表面に細かなシボを出した織物。肌にはりつかず爽やかなことから、夏の着尺地として重用されてきました。素材は麻や綿、絹があり、それぞれの清涼感と着心地があります。

私は２０１４年に麻の「小千谷ちぢみ」を求め、その２年後、この絹の「明石ちぢみ」を迎えました。同じちぢみですが、麻と絹では表情がまったく異なります。麻がざっくりカジュアルな風合いだとしたら、絹はさらっとドレッシー。その軽さ、

薄さ、上品な透け感は「蝉の翅」になぞらえられ、「着たら放せぬ味の良さ」と唄われました。夏着物というより、うすものと呼びたくなるのも、それゆえです。

「強い撚りをかける」というのがどの程度かというと、明石ちぢみの場合、糸１mあたり、約４０００回といわれています。これほど撚ると、微かな不純物が混ざっただけで、汚れが目立ち、色が濁ってしまいます。それを防ぐために、繭の吐き始めや吐き終わりの糸は使わず、純度の高い中ほどの糸のみを原料にするという神経の使いよう。

また、緯糸の撚りは「八丁式撚糸機」でかけ、糊付けは植物性の糊料を手で揉み込むことなど、全行程に細かな要件が定められています。高度な技術と張り詰めた集中力によって、「明石緯」という独特なシボが生まれるのです。

約４００年前、江戸時代に播州明石藩の舟大工の娘・きくによって創案されたちぢみは、産地と素材が変転しました。時代とともに改良がなされ、新潟・十日町での技術研究が実を結び、明治30年ごろ、現在の明石ちぢみが完成。大正・昭和のはじめに高級夏着物として一世を風靡します。しかし大戦後廃れ、織られなくなりました。「幻のちぢみ」といわれる所以です。平成10年に十日町の『吉澤織物』が復刻しなければ、私たちは明石ちぢみの着心地を知ることはなかったのかもしれません。

美しい絣のグラデーション、透明感のある色、ほのかな透け具合となだらかな落ち感は絹ならでは。そこにシャリっとしたシボが加わり、まるで上等なシャーベットのようなテクスチャーです。

私の場合、６月なら藤色の麻の襦袢で落ち着いたトーンを。７月に入り本格的な夏を迎えたら、

十日町明石ちぢみは吉澤織物のもの。それに十代坂東三津五郎監修の黒い夏帯と、指輪からリメイクしたパールの帯留めを合わせて、おめかしのコーディネート。かづら清老舗の和装バッグ、祇園ない藤の畳表の装履、龍村織物の夏素材の数寄屋袋など、京都で手に入れた小物たちがエレガントな雰囲気を醸し出してくれる。

真っ白な海島綿の襦袢でより明るく着るようにしています。インナーによって、全体の色調を微調整できるのもこの着物のよさです。きちんとした帯でおめかし風にも、麻の帯で気楽に着ることもできる。その着こなし幅はうすものには珍しく、普段着が多い私にとって、重宝なよそゆきにもなっています。

　今日は夏の保護者会で友だちが装っていたように、黒い帯を締め、色数と彩度を抑えてみました。紗織丸紋の名古屋帯は、気軽なお茶会やホテルでの会食など、普段着以上、セミフォーマル以下の場面によく締めています。夏の黒い帯が欲しくて、やっと探し出しました。蒸し暑い夏日でしたが、ときおり身八つ口から入ってくる微風のなんと心地よいことでしょう。年々暑さが増していくなか、夏のきものを躊躇したり、諦めてしまわれる方の気持ちもよくわかります。ただ、夏ならではの素材の多彩さ、織りの繊細さを手放してしまうのもやはり寂しくて。涼しい着方を工夫しながら着ています。

……………………………………

一重なる蝉の羽衣夏はなほ
薄しといへどあつくぞありける

能因法師（後拾遺和歌集）

……………………………………

平安時代の人も、どんなに薄い衣を着たって、
暑いものは暑いと詠みました。
そう、いつの世も夏は暑いのです。
せめてワクワクする着物を着て、うきうきと出かけなくては。

参考サイト
『きもの絵巻館』www.kimonoemakikan.co.jp

# 一生着ることはないと思っていた、越後上布との邂逅

「北の越後、南の宮古」といわれるきもの好き垂涎の上布。麻織物の永世名人ともいうべき越後上布と出合ったのは、２０１７年５月のことでした。

国の重要無形文化財であり、ユネスコ世界無形文化遺産にも指定されている越後上布。産地の南魚沼地方は、冬は雪が深く湿度が高く保たれるので、乾燥に弱い上布の生産に適しています。米どころの農閑期、多くの女性が冬の仕事として受け継いできたその歴史は奈良時代まで遡り、東大寺正倉院に宝物として保存され、朝廷や将軍家への献上品としても極上の扱いを受けました。

上布というからには下布もあるわけで、大麻を使った繊維の太い下布は庶民の衣類として区別されたようです。

苧麻の茎の柔らかな内側の繊維を爪で幾筋にも裂いて極細の糸にするその作業は、「手績み」といいます。麻は乾くと糸が切れやすいため、手績みする女性たちは、糸を口に加え、常に唾液で湿らせながら裂いていきます。

そうやって出来上がった糸は「手くびり」によって絣糸にし、「いざり機」という、腰と足で機を操る原始的な方法で織られます。織り上がった布は「湯もみ・足ぶみ」で糊や汚れを落とし、最後に冬の天気の良い日に、雪上に広げて晒す「雪ざらし」が行われます。

苧麻を手績み、絣は手くびり、いざり機で織る、シボとりは湯もみ足ぶみ、さらしは雪ざらし。この５要件を満たしてはじめて「越後上布」という

細かな十字絣が美しい越後上布に、絽綴れの八寸帯を銀座結び風の角出しにしてみた。麻のぼかし染めの帯揚げ、道明の紫と白の帯締めで涼しく見える配色を心がけ、パナマの草履とアタバッグ、レースの日傘で夏らしい素材感をプラス。話すとびっくりされるが、シーズンが終わったら、越後上布はネットに入れて洗濯機で洗っている。

お墨付きを与えられる。昔ながらの人力を守るのは、並大抵のことではないでしょう。

その工程は以前、南魚沼の魅力を取材したときに教わり、気の遠くなる作業に言葉を失いました。展示されていた何十年も前の男物の着物が「これは値段がつけられないくらい（高価）」と聞くに及び、私は伝統工芸の素晴らしさを知ると同時に、親しみよりも畏怖を感じてしまったのです。その後、きものを着るようになっても、越後上布というだけで、見ざる言わざる聞かざるを決めこみました。一生着ることはないし、そんな資格も財力もない、と。

２０１７年の初夏、懇意の呉服店をぶらり訪ねたところ、担当の方が「ちょっと見ていただきたいものがあるのです。興味がなければそうおっしゃってくださいね」と奥へさがり、紙に包まれた反物を持ってきました。

「越後上布なんです。こんなに上質なものはもう織れないといわれています。きっとお好きだと思って」と包み紙を広げました。

ひんやりとした生地を触りました。生地の向こうに透けて見える藤棚の景色を眺めました。心を鷲掴みにされるとはこのことです。

もともとの持ち主は大正生まれのご婦人。とても趣味のよいきもの愛好家だったそうです。譲られたご親族はどんなにうれしいでしょうか。ただ、昔の機で織られた上布で、幅が9寸5分（約36cm）しかない。いまの生地がだいたい1尺（約38cm）。その差は2cm弱ですが、裄丈に関していえば、いまなら1尺8寸3分（約69cm）取れるところ、1尺6寸5分（約63cm）になるかどうかという寸法だったのです。私の裄丈は1尺6寸4分！　長さも12mほどで、現在の13m標準からすると短めでした。

持ち主の遠縁にあたる方が「箪笥の肥やしにせ

ず着てくださる方に」とおっしゃり、巡り巡って小柄な私に白羽の矢が立ったというわけです。深い紺色に白い十字の蚊絣は、以来、私の夏を支えてくれています。

前に「蝉の翅」に例えられる明石ちぢみのことを書きました。その重量を計ってみたところ、４９３ｇでした。ちなみに愛用の夏着物はというと、小千谷ちぢみが５８２ｇ、綿の長板中形が６２６ｇ。居敷当ての有無、衿の仕立てによって変わりますが、越後上布は４２４ｇ、ナンバー１の軽さでした。きっちり巻かれた反物の径は、５００円玉ほど。いかに細く糸を績むのかがわかっていただけるのではないでしょうか。

その夏、仕立て上がった着物で呉服屋さんに遊びに行きました。

「越後上布は気持ちがいい、涼しいというけれど、どんなに言葉を尽くしたところで、結局着ている人にしかわからないんですよね」と、言われました。確かにこの着心地を端的に説明する言葉を、私の辞書に見つけることはできません。

ときどき、雪深い冬の部屋で、爪と口を使って糸を績み、腰と足を使って糸を織った女性たちのことを考えます。根気のいる地味な仕事だし、それは家族を養うための食い扶持だったかもしれないけれど、そこにはきっと喜びもあったのではないか、と。でなければ、こんなに美しい布ができる訳がない。

職業的な績み子の矜持、織り子の自負だけでなく、日々のうれしさや悲しみ、揺れ動く女心もそこに織り込まれているような気がしてなりません。

極上の軽みに感じる重さ、繊細な涼しさの中の温もり。布に宿るかすかな人の気配が、私を揺さぶるのです。

# 超絶技巧から生まれる、長板中形の清しい白

藍は限りなく青く深く、白はどこまでも濁りなくすっきりと。

なんということのない木綿浴衣の、2つの色の「際」をどう例えたらいいのでしょう。熟練の手技が生み出す「長板《ながいた》中形《ちゅうがた》」の藍と白の対比は、2次元を超えた世界へと誘ってくれます。

まっすぐに伸びる竹の勢い、細い笹の葉、大きく開いた朝顔の花とひゅるりとした蔓、白場に飛び交う小さな点々は朝日と朝露のキラキラした粒子のよう。夏の朝の爽やかな空気感が伝わってきます。

長さ6・5mほどもあるモミの一枚板に生地を張ることから「長板」、大紋と小紋の中間の大きさの型を使用するので「中形」、「長板中形」は江戸中期から伝承される高度な型染めの技法です。

何がすごいかというと、表面に型紙をのせ、防染糊を置いたら、生地を裏返し、裏面にも同様に型付けをするのです。このとき、表と裏の柄がぴったり合うように型紙をのせなくてはなりません。糊置きされた布は、天日干しの後、藍甕に浸して染め上げられます。両面に寸分たがわず型付けすることで、染め上がったときに柄がくっきりと立ち上がり、白場が澄み切ったように抜けるのです。

ヘラで防染糊を置く作業を見たことがあります。力みなくサーっと塗る手の動きは小気味よく、簡単そうに見えますが、実際にやってみるととんでもなく難しい。長い時間をかけなければ習得できない技だということが実感できました。

でもそれ以前に重要なことは、糊づくりだと言います。その日の気温や湿度に合わせ、配合を変える。きれいにムラなく塗れ、ちょうどよく乾き、落としやすい。その塩梅も長年の経験とカンから編み出されます。

２０１８年の夏、行きつけの呉服店『銀座もとじ』を訪ねたところ、店主が私の顔を見て「あ、そういえば」と出してきたのがこの長板中形でした。すでに絵羽に仕立ててあり、サイズに制約があったのです。小柄な私にはちょうどいい寸法でした。聞くところによると、長い歴史を持つ老舗呉服店が、後継者がいないためやむなく店をたたむことになり、もしお気に召すものがあれば引き取ってもらえないだろうかと頼まれ、この着物を持ち帰ったとのこと。

これを着ていると、通の方から「素晴らしい二枚型ですね」と声をかけられます。二枚型とは、主型（１枚目の型）と消し型（２枚目の型）を使って染めるととても難度の高い染め。この小さな点々模様も、二枚型でなければ作れません。点のひとつひとつは糊が置かれていない部分ですが、表裏ぴったり合っています。白場が多いということは、それだけ糊置きされる面積が広いので、生地が重くなり、作業も大変だと聞きます。１反で表裏合わせて２００回型付けするといわれますが、二枚型は倍の４００回。それが１㎜たりともズレないのですから、人間技とは思えません。

作者の松原利男さんは、初代人間国宝・松原定吉の息子で「松原四兄弟」と呼ばれて活躍されました。利男さんの息子がいま、藍形染作家として活躍なさっている松原伸生さん。祖父、父、子三代で長板中形の技法を受け継いでいます。

伸生さんからは、「染め上がった状態から、１枚

藍形染まつばらの長板中形に、半衿と白足袋を合わせて夏きもの風に。誉田屋源兵衛の芭蕉糸の半幅帯をカルタ結びにして、端のフリンジを尻尾のように出してみた。一條朋子さんにオーダーしたビールの帯留め、赤い金魚の下駄で「ニッポンの夏」を演出。ナンタケットバスケットであえて和の世界をはずして。

目と2枚目を判断するのは難しいし、それがわからないように型付けするのが技の見せ所。この生地の場合、柄の濃度を出すために、藍甕に3回は入れているはずです」と、教わりました。

木綿浴衣、普段着の夏物にこれほどの労力を注ぐのはなぜだろうと、そのときお店で展示会をなさっていた、染色家の仁平幸春さんに問いましたら、「もうここまでくると変態ですよ」と、笑っていました。そこに大義はないのです。「ひたすら道を極めたい、ただ美しく染めたい、その一心」だと。

私はこの浴衣をよく夏着物として着ます。白い半衿と麻の白足袋を合わせると、白場がいっそう冴えて、キリッとした表情に。真夏には半衿なしで着ることも。昼は日差しを跳ね返す強さを見せてくれるし、夜の暗さに浮き上がる白地は格別です。藍と白の明快なコントラストこそが、松原家代々の味。特に白場の清しさを味わうのが、この長板中形の醍醐味なのだと、ようやくわかってきました。

２０１９年、上梓した私のきものの本では、カバーと扉にこの長板中形の写真を使っています。内心この写真が使われるといいなあと思っていましたが、言葉にせずともスタッフ全員の意見が一致し、これが選ばれたことは望外の喜びでした。私がいちばん私らしく見えるきものであると、みんなが認めてくれて、とてもうれしかったものです。

いまは亡き松原利男さんが染め、いまは閉じてしまった呉服店に飾られていた浴衣を、いま私が着ている。いや、不思議な縁に着せてもらっているのだといったほうがいいのかもしれません。

# 単衣大島と「藤田織物」の八寸帯、極上の軽やかさを知る

軽く、さらっとした大島紬は袷もいいのですが、単衣で着るとまた一段と心地よいものです。この単衣と、奄美大島を旅したときに出合った蚊絣の白大島は特に思い出深く、滑らかな着心地を楽しんでいます。

紬というと、真綿から引いた糸の温かみやざっくり感が魅力ですが、大島は生糸の練撚糸で織られます。それによって、織りの着物なのに、軽くて艶やかな地風が生まれました。また、締機《しめばた》という、木綿糸で締め込む特殊な織機によって絣糸を作ります。この技法が、複雑で繊細な模様を実現。大島独自の進化が、唯一無二の着物を作り出したのです。

大島紬は、主に奄美大島と鹿児島市で作られますが、これは鹿児島市の織元の作。新しい糸使いにチャレンジした武島信夫さんによる「本場縞大島」は、いわゆる大島の伝統柄とは一線を画し、ちょっと可愛くモダンです。

まだ袷の一張羅しか持っていなかった２０１４年の春、行きつけの呉服店『花想容』で、「リーズナブルな単衣がほしい」と話したところ、「訳ありの大島があるのだけど」と出されたのがこれです。寸法が3丈に満たないので、売ることができず、大島紬を専門に扱う方のところに眠っていたもので、私が着るためには、「見えないところに足し布をして仕立てることになるけれど」とのことでした。はじめての大島、その感触や艶、大好きな縞がつくるブロックの面白さに魅せられ、

さらっと艶やかな大島紬は、私のファースト単衣で、人生２枚目の着物。藤田織物のドット＆クロスライン八寸帯を締めたら、魅力がぐんと増した。帯のおかげでそれまでちょっと苦手だった横段着物が大好きに。帯留めは大澤鼈甲の瓢、草履は菱屋カレンブロッソのもので、エイの鼻緒が帯とリンク。帯揚げは切りっぱなしのはぎれを利用した。

単衣仕立てを依頼。足し布も表に馴染む色柄で、見事完成しました。

ただ、これまでいろんな帯を合わせてきましたが、いつもどこか不満が残りました。〝悪くはないけれど、すごく気に入っているわけではない〟というコーディネートに陥りがちでした。でも、ようやくその薄雲が晴れる日がやってきたのです。

京都西陣の小さな帯工房『藤田織物』を訪ねたのは、２０１９年の夏。私の周囲には藤田さんの帯を愛好する友人知人が多く、その姿を見るたびに「いつか私も」と思いが募っていました。

こちらの帯は、熟練の織人さんによる手織り。その風合いは、まるで帯が呼吸しているかのように健やかです。ほの暗い部屋の隅、外から光が入る窓辺、場所によって色が変化し、点や線、面で表される糸の表情が変わります。秋の夕凪のように見えたかと思うと、次には春の夜明けのように。長い歴史の中で培った立体形状の織りは、花鳥風月が描かれているわけではありませんが、見る人の心に訴えかけ、季節と時間の心象風景を映し出すのです。

どうしても模様のほうに目がいきがちですが、藤田さんの帯は地色がまた素晴らしく、ルーペで見てみると、複雑な糸の使い方、さまざまな色の現れ方に引き込まれてしまいます。光によって色が変化するのは、この土台の織りがあってこそ。同じシリーズ、同系色の帯でも、１本１本が違う個性を持っているのに驚かされます。

実際の織りの様子も拝見しました。そこに設計図はなく、織人さんが自分の感覚を頼りに、緯糸を渡していきます。糸と対話し、糸の意思を尊重して、心地よく収まるように。私には見えない出来上がりの景色が、織機の向こうに広がっているのでしょうか。その姿にはどこか画家に近いものを感じました。

　私は若手女性織人さんの柔らかな糸のタッチに心惹かれ、単衣に向く新しい帯のシリーズ、「ドット＆クロスライン」をお願いすることに。ある程度の数が仕上がり、その中から選んで手元に届いたのは、２０２０年の春でした。

　糸が空気を孕んでいるようなふっくらとした軽さ、八寸帯ならではの耳のゆらぎ、芯が入らない体に優しい締め心地。おしゃれして出かけるときも大げさではなく、普段着と合わせて家で着るときもさりげなく寄り添ってくれます。

　ちょうど緊急事態宣言が発出された時期、どこにも出かけられない日々も、この帯が救ってくれました。いろんな単衣に締めることが、単調な暮らしのアクセントになったのです。この横段の大島に合わせたときの喜びは特に大きく、「ああ、これで完璧！」と、鏡の前で自画自賛しました。

「こんなふうに帯を締めています。家での普段着に合わせて申し訳ありません」と、藤田さんに写真をお見せしましたら、「私たちもうれしいけれど、織人が誰よりも喜んで励みにしております」とおっしゃってくれました。

　以前、お届け物をした帰り、工房前の路地を進み、角を曲がるとき、なんとなく振り返りました。私の帯を担当する女性織人さんが楚々とした姿で戸口に立たれ、深くお辞儀なさいました。声は届きませんが、目が合いました。「素敵な帯を楽しみに待っています」「はい、しっかり織らせていただきます」と、交信したような気持ちになり、心が暖かくなったのを覚えています。

　帯の向こうには織る人がいて、こちらには着る人がいて。あのときの無言の交感が、この帯を特別なものにしているように思います。

## 紅花で染めた置賜紬の優しさと「洛風林」の大らかな意匠

長い期間、しゃりっ、ひやっとした風合いのきものを着続けて、ようやく涼しくなった秋の日、優しい真綿紬の単衣に袖を通す瞬間は格別。真っ先に着るのが、この置賜《おいたま》紬です。

山形県の置賜地域、最上川流域の白鷹・長井・米沢で織られる紬は昔から質がよいことで知られています。それぞれの産地ごとに特色がありますが、ことに紅花染めは米沢が盛んで、紅花紬といえば米沢が思い浮かびます。

知り合いのお母様が普段着として長い間着てこられたこの紬は、ふんわりと気持ちよく、ピンクとイエローが混じった繊細な格子が、ブルーを柔らかく見せてくれます。譲られたとき、どこの産地のどういう紬かはよくわからないと言われましたが、私にとってそれは大した問題ではなく、この色と着心地は爽やかな秋に欠かせないものとなりました。

最初はバチ衿のまま着ていましたが、お手入れに出すついでに広衿に仕立て直すことに。そのとき、悉皆の方が「いい置賜ですね。紅花ですよ」と教えてくれて、出自がわかったのです。いただいたとき、たとう紙に「ながい」と手書きされていて、それが私には「長い」なのか「永井」なのか不明だったのですが、ようやく謎が解けました。きっと長井紬の「長井」なのでしょう。米沢の方に見ていただいたところ、長井でも紅花を使う織元があるとのことでした。

紅花は、古来より口紅や頬紅などの化粧品、食用油や食品の色付け、薬品としても使われてきました。別名の「末摘花」は源氏物語で知られ、和歌にも多く詠まれています。でも、「紅の花」だというのに、じつは紅花の色素の９９％は黄色（サフロールイエロー）、紅色（カーサミン）はたった１％に過ぎません。

その染料づくりは夏の夜明けの花摘みから始まります。アザミのように棘のある葉に守られているため、朝露で棘が柔らかいうちに摘むのです。すぐに水洗いし、桶に入れ、発酵しやすいように素足で踏みつけたあと、ゴザやセイロに広げて「花蒸し」します。花の色が赤みを帯びたら、お餅つきのように臼に入れ杵でついて。手で丸めてぎゅっと水気を絞り、煎餅状に潰したものが「紅花餅」といわれる紅花染めの原料です。保存状態がよければ、１００年も２００年も持つというのですから、発酵の偉大さを思い知らされます。

黄色い色素は水に溶け、紅色は水ではなくアルカリに溶けるという性質を利用し、ワラの灰汁（アルカリ性）に入れることで、わずかな紅色を抽出。古のお姫様が大事そうに紅をさしたのは、女心の表出とともに、実際のところその希少性にあったのかもしれません。

紅花餅から得られた紅色がふんだんに使われた着物は、夢のように素敵です。

米沢で養蚕から糸作り、草木の栽培に染料作り、糸染め、織りまですべてを自らの手で行う、染織作家・山岸幸一さんの紅花着物を着たモデルの田沢美亜さんにお会いしたことがありますが、女の人を内から輝かせるピンクのグラデーションは、見る人をも幸せオーラで包んでくれるかのよう。美亜さんの美しさと相まって、ひととき現実を忘れ、ぼーっとしたほどです。

私の単衣には、紅色はほんの少ししか使われて

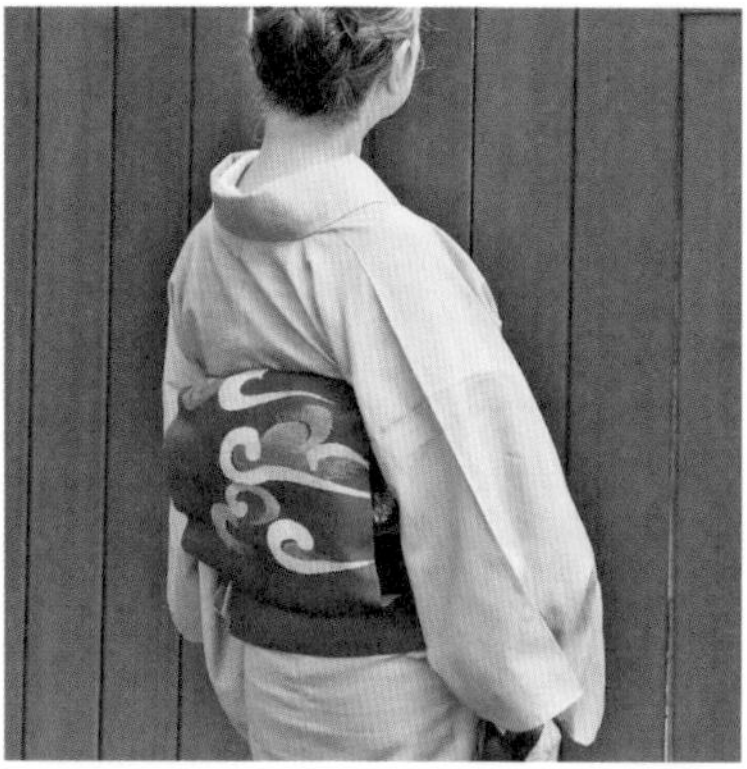

置賜紬とも紅花紬とも呼べる単衣は、優しい着心地が身上。強い主張はないけれど、誠実さがにじみ出るような織りだ。洛風林の雲取のすくいの八寸帯に、金茶の帯締めで、初秋の爽やかさを感じさせて。たくさん歩く日は、２万歩超えも疲れ知らずの“きものスニーカー”、京都一脇の木草履を愛用している。

いません。あとは紅花の黄色、藍の水色。でも、わずかにピンクとイエローが入っているからこそ、ブルーが暖かなのです。いつもは男子だけの集まりに、女子が何人か入るだけで場の雰囲気も話題も変わるように、紅花の色素が空気を和らげる。ピンクは草木染めにおいても、やはり女王様なのだなあと思わされます。

雲がたなびく工芸帯地『洛風林』の八寸帯は、秋にいちばんよく締める帯です。洛風林は初代・堀江武氏が１９５２年に創業した帯のブランド。西陣織の技法にシルクロードやアフリカ、中南米のプリミティブなモチーフを載せ、大らかで愛らしい美の世界を描き出します。

２０１８年、『洛風林の愛すべき世界の文様展』を京都で拝見し、２０２０年の夏は資料館を訪ねましたが、世界各地で蒐集した織物や古裂の数々は圧巻。結婚のお祝いに親族が手分けして作ったウズベキスタンの色鮮やかな刺繍布、有翼人像が描かれた色褪せた布など、堀江氏のフィルターを通して集められた工芸、民芸の品々を見るにつけ、時代も地域も超えて、「真実に美しいものは、常に新しい」という氏の信条を肌で感じました。

洛風林の八寸帯は実際とても軽いのですが、それだけでなく、心の重しがひとつはずれるような、精神的な軽やかさも与えてくれて。どこかユーモラスかつチャーミングで、肩の力がすっと抜けるような気がするのです。

どうやら私は瑞雲や雲取の文様が好きなようで、帯や帯留めにいつのまにか増えてきました。春ののどかな雲、夏の沸き立つような積乱雲も悪くはありませんが、私にとって秋こそが雲の季節。高い空に広がる鰯雲や羊雲を見ていると、どこか遠くに行きたいなあと旅情が掻き立てられます。

# 懐の深い上田紬に映える、「フォリア工房」の染色

冷気に目が覚め、布団をかけ直す明け方を経験すると、いよいよ袷の季節がやってきたと実感。だいたい毎年10月半ばごろから袷を着始めます。シーズンのはじめには、軽い大島紬や本塩沢などを着ますが、季節が進んでくると着たくなるのが、上田紬です。信州の澄んだ空気、少しずつ黄色く染まっていく山々、頂が冠雪し、裸木が増えていく冷涼な晩秋。大好きな八ヶ岳やアルプスの風景に、この紬が重なるのです。

袷の着物はどうしてもダークな色が増えてしまうのですが、そんな中にこの柔らかなアイボリーが入ると、いい気分転換になるうえ、冬の白は洋服だけでなく、和装でもおしゃれに映ります。

小山憲市さんが織る上田紬を知ったのは、雑誌の撮影で着物のスタイリングをしたときのこと。２０１７年の年末に発売された『エクラ』2月号、「もっと、カジュアルに着物。」という特集で、モデルは亜希さんでした。やはりアイボリーベースの紬に、大判のストールを羽織って芝犬と土手を散歩する亜希さんの姿は、何度も見返すほどお気に入りのページになりました。

優しい草木染めの色合い、艶やかな格子は、しっかり私の記憶に刻まれたのでしょう。2年後、この紬をふと目にしたとき、すぐに小山さんの作だとわかりました。秋の夕暮れの、すべてが調和した幸せな撮影風景が蘇ってきて、つい反物を手元に引き寄せました。

信州は養蚕が盛んな土地で、松本紬、上田紬の

小山憲市さんの上田紬も、仁平幸春さんの変わり塩瀬名古屋帯も『銀座もとじ』で出合った。コンクリートとガラス、都会のビル群にもなじむ現代的な色や柄、テクスチャーは、私のレパートリーに欠かせない。帯留めはケシパールに蒔絵を施したもの。薄羽織をまとえば、道中も安心感が。小物も黒をベースにしてクールにまとめた。

ほかにも自家用紬が各地で織られ、江戸時代に最盛期を迎えました。中でも、上田は縞と格子が特徴で、丈夫なことから「三裏縞」と呼ばれたほど。縞の表地1枚に、裏地が3枚代わるほど長く着られるとの意味が込められています。

小山さんの織りについていえば、私は糸の色の美しさに心を掴まれてきました。この着物の染料は、柳の葉と枝、胡桃、栗のいが、刈安、梅の枝。ウッディなアロマのように、静かで落ち着くのです。可愛い花で染められる色が可愛いのは、想像がつきますが、茶色い木の枝や栗のいががその原料なのに、どうしてこんなに澄み切った淡い色が出るのでしょう？　植物が宿す色の不思議さに感動してしまうのです。

その織りは、色の構成、ピッチの変化など、見れば見るほど熟考されていて。清潔感のある格子のさりげなさは、確かな技術の裏打ちがあってこそ、とわかります。半幅帯もミナペルホネンの帯も、カジュアルな八寸から重めの九寸、洒落袋までどんな帯でも受け入れてくれる。小山さんの織りの包容力は、シンプルであることを重層的にとらえた設計にあるのだと思います。

今日はちょっとおめかし風に着たくて、塩瀬の染め帯を合わせてみました。

この帯は、『銀座もとじ』がプロデュースする、純国産のオスの蚕から作られる絹糸〝プラチナボーイ〟が使われています。オスは子を産まないので栄養をすべて糸づくりに使えること、メスに比べて口が小さく、細く長い糸を吐き出すことに目をつけて、37年の歳月をかけて研究を重ね、品種改良された最高峰の絹。一般的な絹糸より、ずっとたくさんの染料を吸い込むことで出る漆黒の地色に、竹花更紗が描かれた帯に出合ったのは、

２０１４年の夏でした。

　染色作家・仁平幸春さんの描くミニマルで緊張感に満ちた更紗の表現は、いままで見てきたどんな更紗とも違っていました。微細な金のラインが抑制された華やかさを醸し出し、黒い壁面に飾られた美しい絵画のように見えたのです。

　仁平さんの言葉を借りれば、「古典的な更紗の特徴と雰囲気の核心を捉えつつ、日本的であり使いやすい。技法的には糸目友禅とろうけつ技法を組み合わせることが多く、日本の技法で、本歌の更紗の波長を出すという感じです」と。

　そして、色については「色味が日本的であること」にこだわっていらっしゃいます。日本の色には独特な湿度による〝にごり〟がある。そのにごりがいろんなものとの取り合わせをしやすくする。取り合わせを増幅させるというのです。

　大らかで素朴な更紗とはまったく趣を異にする『フォリア工房』の更紗は、どこか都会的でインターナショナルな美が宿っているのですが、それはむしろ日本的とはいかなるものか？　を突き詰めた結果なのかもしれません。

　その後、仁平さんの仕事が見たくて、板橋にあるフォリア工房を訪ねました。細い筆で下絵を描き、糸目糊を置く繊細な作業、色を挿したり地染めをしたり、染色のプロセスを実地で拝見したことは、染めの基本を知るうえでとても勉強になりました。

　シンプルな格子とモダンな更紗、ナチュラルなアイボリーと深い黒、織りと染め。互いが共鳴し合うとき、きものの悦びが湧き上がってきます。

# １６０亀甲の本場結城紬が誘ってくれた世界

この本場結城紬にはじめて合ったとき、「私より誰かもっとよい人のところへどうぞ」と、棚に戻しました。ところがしばらくして別の要件で出かけたら、まだいるではないですか。羽織ったところ、ジャストマイサイズ。八掛の色もよく、細かな縫い目が袖口や掛け衿の表に出た〝飾りしつけ〟のカジュアル感も好み。証紙もついていました。

１６０亀甲（亀の甲羅に似た形の、絣模様の単位）の細かさは、１００亀甲の結城と比べても、肉眼ですぐ差がわかるほど。触り比べれば納得の糸の細さです。ちなみに、絣は亀甲の数が多いほど糸が細くなります。反物の幅（約38㎝）に、亀甲が１００個並んでいるのが１００亀甲、１６０個並んでいるのが１６０亀甲。現在の主流は１００亀甲でしょうか。１６０亀甲はもはや1年に数反出るかどうかというほど希少。その着心地は、軽くて暖かいというだけでない何かがありました。

結城紬は１９５６年に「糸つむぎ、絣くくり、地機織り」の３要件が国の重要無形文化財に指定され、その後、２０１０年にはユネスコ無形文化遺産に登録されました。

その歴史は古代の「あしぎぬ」にまで遡ることができ、日本各地のさまざまな紬織りの原形といわれています。耐久性の高さからやがて武士たちに愛され、鎌倉時代から室町時代にかけ、もてはやされました。江戸時代になると、今度は大店の旦那衆や武士に好まれ、人気を博します。女性たちのお洒落着として進化したのは、明治に入ってから。それまでの無地や縞に加えて、江戸末期から絣が織られるようになり、亀甲による柄の表現が豊かになったことが、結城紬をさらに開花させました。

製作工程を詳しく説明すると１冊の本ができてしまうほどなので、結城紬の大きな特徴を４つだけピックアップします。

①真綿かけ…繭を煮て水にさらし、蚕を取り出して袋状に広げ、袋真綿を作る。玉繭５〜６個で袋真綿が１枚できる。だいたい１反で３８０枚ほど必要。

②糸つむぎ…きびがらでできたツクシという道具に袋真綿を広げて巻きつけ、糸を引いていく。途中で切れそうになると、指に唾液をつけて捻るようにし、細く長く。糸にムラが出ないよう、太さが均一になるよう真っ直ぐに引き、桶にためる。１反分の糸を紡ぐのに２ヶ月ほどかかる。

③絣くくり…丁寧に糊づけされ乾かした糸に、絣の図案を当て、糸束をくくる位置に墨で印をつける。その印の部分を木綿糸でくくる。くくる力は一定でなければならず、細かな文様になると１反で数万箇所に及び、作業に半年かかることも。その後、染料によってたたき染めが施される。くくった部分だけが白く残る。

④地機織り…経糸の一端を織り手が腰で支える古い形式の織り方。腰で糸の張りを調節しながら、足につけた紐で下糸を開け、筬で緯糸を通した後、大きくて長い杼でしっかり打ち込む。人と糸が一体となるため、糸に余計な負荷がかからず、打ち込みがしっかりしているのに、優しい風合いが生まれる。

２０２０年10月、シルクラブで開催された『結城を紐解く』展へ、この結城紬を着て行きました。

紺地に薄いブルーでまっすぐに伸びる竹が織り出された本場結城紬。着てもらえない辛い年月もあったけれど、安住の地を見つけたと思ってくれたら。松飛鶴薔薇の柄が大らかな帯は駒田佐久子さんの型絵染め。帯揚げはスカーフ、フランスのウール地を使ったバッグは縒室senのもの。道明の帯締めと神田胡蝶のリザードの草履でシャープなニュアンスを。

会場では、織り手の方が地機実演をされ、その日と翌日の２日間だけ地入れ実演のため、整理仕上げをする方が来訪されていました。

私のことを（私の着物を）遠くからチラチラ見ていた整理の方が、近づいてきます。じっと見つめます。そして「この着物、僕が地入れしました。よく覚えています」と目を細めました。その展示に協力していた結城紬織元の社長も見に来られ、「確か生地帳に残っているかも」と。

織り手の方は、「いまではこれほど細い糸を紡げる人がいなくなりました。熟練者になれば１６０亀甲の糸が取れるかというと、そう簡単なものじゃないんです。努力もあるけれど、その人自身の指の使い方やクセ、持って生まれた技能が必要なんです」とお話しくださいました。

「きもの人が最終的に行き着くのが本場結城」とはよく聞くことですが、数年着てきて「確かに」と思います。お蚕さんに対する敬畏、古式ゆかしい道具による手仕事の数々、お天道様のご機嫌を伺う外での作業。効率やスピードとは無縁のこの織りから得られるものは、極上の着心地だけではありません。

この着物は兵庫の呉服店の仕立てでしたので、関西の方が買われて、着用のチャンスがなく仕舞われていた。それが市場に出て、四国の呉服店の店主が見つけた。それを私が購入し、着て出かけたら、製作した方たちとお会いできた。

きものを着るようになって、いくつかの驚きに満ちた出会いがありましたが、この結城紬もそのひとつ。軽く暖かいだけでない〝何か〟。それは、１０００年以上かけて受け継がれた時間、１本の反物が出来上がるまでの時間、その反物が産地を離れてからの時間……。時の連なりと導きをまとっているように感じるのです。

# 畏れ多いと敬遠していた、郡上紬とのご縁

紺地に赤や黄、青の線が縦横に交わってはすうっと消えるこの絣をはじめて見たとき、スコットランドのタータンチェックを思い浮かべ、親しみを感じました。子どものときはいていたひだスカートや、制服の上に巻いたマフラーの色の組み合わせと似ていたからかもしれません。

私にとって、雲の上の存在だった郡上紬が、一気に近くに降りてきてくれた。そんなうれしさがありました。

随筆家の白洲正子さんのお眼鏡にかない、学者の鶴見和子さんがこよなく愛し、俳人の黒田杏子さんが身につける郡上《ぐじょう》紬。「あまりに畏れ多くて」と尻込みするのは、私がなまじ文章を書くことを生業としているからでしょうか？　郡上は通人好みで、確固たる自我を持った女性に似合うというイメージが自分の中で膨れ上がり、手強い着物だと思い込んできたのです。

じつは、郡上紬は伝統的に継承されたのではなく、いまでいうなら地域活性化のために、宗廣力三さんによって興された織物です。岐阜県の山あいに位置する郡上八幡は、良質な絹糸の生産地であり、清らかな水源と自然に恵まれた土地。紬は各家庭で自分たちが身につけるために織られてきましたが、昭和に入って以降、次第に廃れてしまいました。

第二次世界大戦後、地域に根ざした誇りの持てるものづくりを、と考えた力三さんは染織を学び、理想の糸、染め、織りにこだわり研究を重ねます。

郡上紬とはまだ１シーズンのお付き合いだけれど、早く仲良くなりたくて家でも積極的に着用。頼もしい着心地に励まされている。素朴な中にもモダンな雰囲気がある丹波布の八寸帯は、いろんな帯締めが載るのが楽しい。家だからこそ、明るい赤の帯締めで気分を上げて。とぼけた足袋ソックスは家きものの定番。

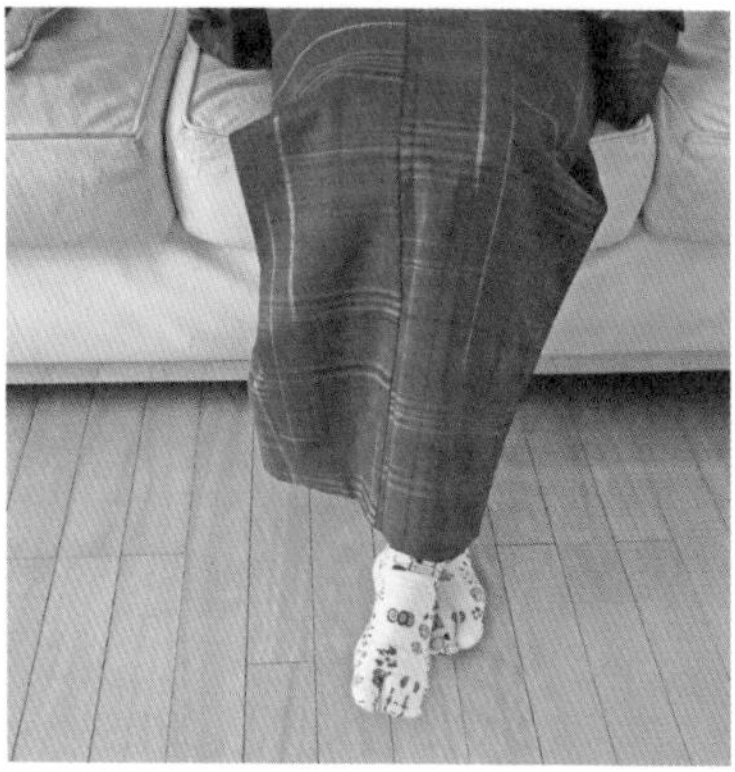

この地独自の織りを丹念に掘り起こし、新たな技法を試み、いまの郡上紬をつくり上げ、生活を共にしながら染織を教える場「郡上工芸研究所」を設立。その功績により、１９８２年人間国宝に認定されました。

艶のある春蚕だけを真綿にして手でつむいだ糸、草木のみで染められた色、高機《たかはた》で織られた平織りの縞や格子。それらには独特な絣やぼかしの表情が見られます。本物の糸、本当の草木染め、誠実な織りで一切手抜きせずという信念により、量産はされず、現在では織り手も２、３人とのこと。

〃幻の紬〃と呼ばれますが、それは比喩ではなくなってしまいました。

２０２０年の夏、きものを愛好するセンス抜群な年上の友人と、久しぶりにお会いしました。昼食の席で、意を決したように「陽子さん、郡上はお好き?」聞くので、「もちろんです。でも私には着る資格がないような気がして」と答えたら、「よかったら見ていただけないかしら?」と、ためらいがちに洗い張りをした反物を取り出しました。

たくさん郡上紬に触れて、ご自分でも着ていらっしゃる先輩は、何枚か持っているコレクションの中から「あなたに似合いそうだと思って」と選んでこられたのです。奥ゆかしい方ですので押し売りにならないよう、すっと断れるよう、心遣いをなさっての上。でも、私は一瞬で譲っていただくことを決めていました。

作は宗廣力三氏の長男である宗廣陽助さん。その織りのことを知りたくてお手紙を出しましたら、巻紙に筆でしたためられた素晴らしいお返事が届きました。

これは昭和40年代から平成にかけてとても人気のあった文様で「紺地色入り経緯絣」、染料については「紺は藍、赤は蘇芳、茶は何、黒は何と言うほど単純ではありません」とありました。

　郡上では温かみのある色を出すために「茜百回、藍百回」といわれるほど、時間をかけて繰り返し糸を染めるそうです。また媒染剤との組み合わせもあり、その色合いはひと言で言い表せません。「泣いて染めても笑って織れ」という力三氏の言葉からも、いかに染めが辛くて大変な作業かが想像できます。深い色使いに心惹かれたのは当然至極です。

　仕立て上がった着物に袖を通すときは、うれしさが先行するものですが、郡上紬はいつもとは勝手が違いました。「どうしよう、似合わなかったら」と鏡の前で緊張。でもそんな心配は吹き飛びました。

　いざというときは守ってくれそうなタフさ、浮ついた心を諌める思慮深さ……、信頼と安心を感じました。恋心ではなくて、友情。そんな着心地といえばいいでしょうか？　いずれ知音《ちいん》となるべき着物であると確信した一瞬でした。

　合わせた帯は丹波布。兵庫県丹波市で織られ、こちらも一度は途絶えてしまった幻の布でしたが、民藝運動の祖・柳宗悦氏に見出され、町をあげての復興活動によっていまに至っています。

　手紡ぎされた木綿糸を、地元の植物から採れる染料だけで染め、手織りされる布。緯糸に絹のつまみ糸が用いられるのが特徴です。ヤシャブシだけで染められたシックな帯は、イラズムス千尋さんの作。古典的な格子とはひと味違った佇まいに惹かれました。

　郡上紬に丹波布。どこか同じ匂いのするもの同士、合わないわけがありません。

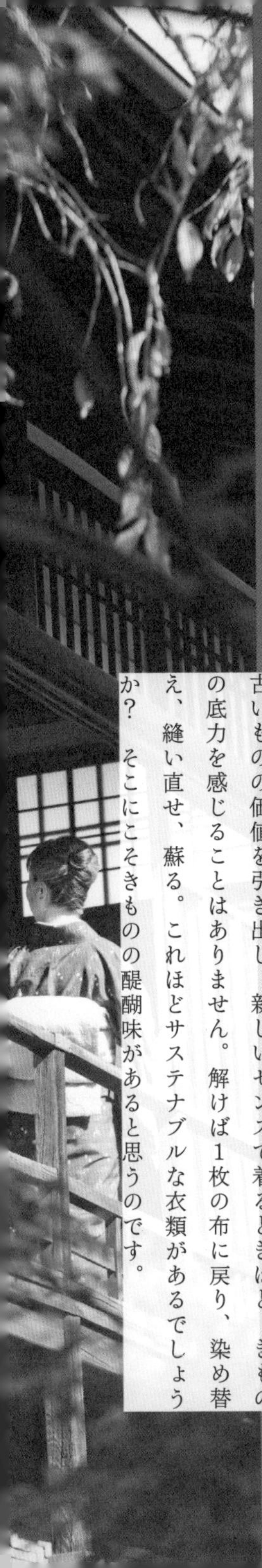

# 第三章

## 古いもののカッコよさを、いまの感覚で着る

同世代の友人から「結婚のときに作った着物、まだ着られるかしら?」と、よく聞かれます。若い友だちからは「叔母や祖母が着ていた着物や帯をもらったのだけど、どんなふうに着たらいいですか?」と、尋ねられることも。私もこの数年、さまざまな古い着物や帯を譲ってもらいました。

昔きものには、いまではもう手に入らないような貴重なものがたくさんあります。国産の上質な手績みの糸を草木で染め丹念に織ったり、凝った地紋の白生地に贅を凝らした染色や刺繍を施したり……。

そんな着物や帯が、箪笥の中にずっと眠っていたことを考えると、失われた時間を早く取り戻してあげたいと気が焦ります。

アンティークやリサイクルのお店でも傷みが少ない良品や、未着用品などが手頃な値段で見つかります。自分の好みに合うぴったりサイズのヴィンテージがあなたを待っているかもしれません。直さずそのまま着用できれば幸運ですし、悉皆の知恵を借りてリメイクすると、見違えるほど素敵になることも。

古いものの価値を引き出し、新しいセンスで着るときほど、きものの底力を感じることはありません。解けば1枚の布に戻り、染め替え、縫い直せ、蘇る。これほどサステナブルな衣類があるでしょうか? そこにこそきものの醍醐味があると思うのです。

# 浦野理一の真髄に触れられる、経節織と継ぎ裂帯

染織研究家・浦野理一の名を知ったのは、小津安二郎の映画の衣装監修と雑誌『ミセス』のグラビアでした。それは、きものを着るうんと前のことです。そしていま、昭和40年代に理一氏が監修した『ミセス全集和服篇 きもの通』は、私のバイブルとなっています。本のなかでも登場する経節織の帯に憧れ探し続けて、３年前やっと手に入れることができました。

経糸にぷつぷつとした節が出る帯は、その絶妙な厚ぼったさが魅力。糸の芯から湧き上がるような深い色と相まって、無地なのに雄弁に語ります。帯締めによって表情も変幻自在、締めるたびに不思議なパワーをもらえるのです。

もう１本は、工房に保存されていた布でつくられた帯。古今東西の布でオリジナルを製作する『灯屋２』が受け継いだ、２万枚にも及ぶ布の一部が、「浦野理一の布を継ぐ 継ぎ裂展」という場を得て、着物や帯に。私は古い江戸小紋が何枚も継がれた半幅帯を選びました。まるでお気に入りの見本帳のようで、１枚１枚の小紋は見飽きることがなく、どこをどう出して結ぶかを考えるのが楽しくて。長年の修業を通して得られた膨大な資料と確かな知識、染織を見極める目。理一氏と息子の範雄さんの、いまはなき工房から生まれた帯は宝物です。

# 長い時を経て艶めく、<br>ざざんざ織と紫根染め

浜松の松風の音を表現した「ざざんざ」に由来するこの静岡の織りは、玉糸を使って昔ながらの手機手織りでつくられます。節のある太い玉糸を撚り合わせると、一般的な紬糸の約4倍の太さにもなり、糸自体にもムラがあるため、ツイードのような風合いが生まれるのです。

新しい着物はずっしりしっかりしていて、ぽつぽつした玉が目立ちますが、長い間着込まれたざざんざ織は、摩擦によって少しずつ玉がとれ、生地もしなやかです。この着物は、60年〜80年前のもの。鈍い光沢とほどよくやつれた質感は、私にとっていまが旬。新しいものをここまで育てる時間が私には残されていませんが、アンティークなら年数を経た理想の状態で着られます。

合わせた紫根染めの帯も、かなり昔のもの。経年変化により紫が少し和らぎ、赤みを帯びて女心をとらえる。染めたての色よりあやうさや色気が増すように思います。時とともに熟成するワインのように、いい染めはまろやかにこなれるのです。

お蚕さんも桑畑も、そこを流れる小川も、昔は健やかでした。自然環境が現代とは違うし、すべてが地産、国産でまかなわれていました。いまでは叶わない糸や染料、きものが日常だったころのアナログな佇まいがアンティークの持ち味だと感じます。

# 昔きものの証、赤い八掛を楽しんでみるのもいい

昔きものでいちばん出回っているのが、昭和40年〜60年代のものでしょうか。その多くには、当時の慣習で、赤系の八掛（裾裏や袖裏につける袷の裏地）がついています。いまは着物になじむ同系色をつけるのがオーソドックスな仕立てなので、赤や朱の八掛は「昔きものを着ています」と名札をつけて歩いているようなもの。悉皆に出すとたいてい「八掛を替えましょう」と提案されます。

ある日、友だちの嫁入り支度の着物の悉皆に付き添いました。30年以上前の大島紬、若々しい小紋や色無地には、お約束の八掛がついています。当然「替えましょう」とアドバイスがあると思いきや、「これはこのままでいいんじゃないですか？」と女将さん。いくつかの八掛は、彼女の顔や体型、雰囲気に似合っていたのです。

私も煉瓦色の八掛がついた紬をいただきましたが、ちらっと見える赤茶が洋服のパイピングのようで可愛くて、そのまま着ています。同系の八掛もいいけれど、袖口や裾裏の色で遊ぶのも一興。何も急ぐことはない、この雰囲気をしっかり楽しみたいと思ったのです。

赤い八掛は野暮ったいというのは思い込みにすぎないのでは？　そのうち「同系の八掛なんてつまらないわ」という時代がくるかもしれません。

# ワゴンで掘り出した丸帯を、京袋帯にリメイク

近所の呉服店の店先にワゴンが出ていました。中古帯のセールで、その中から見つけたのが丸帯、１０００円でした。「そのまま締めてもいいし、解いて名古屋帯１本、半幅帯１本に仕立て直すこともできますよ」と女将さんに伺って、持ち帰りました。

当時私は二重太鼓を締めたことがなく、その帯が生かせるふさわしい着物も持っていなかったので、どうするのがベストな選択かわからず、箪笥に寝かせることに。正直なところ、値段を言い訳に「使えなくても仕方ない」と思っていたのです。

それでもときどき取り出しては、クラシックな柄を眺め、重厚な織地に触れました。この古めかしい味わいは妙に心惹かれるもので、「あっさりした付け下げに、こういう帯を締めるのも新鮮かも」と、次第に妄想を掻き立てられていきました。

悉皆に持っていくと、「思い切って京袋に仕立ててみませんか？　丸帯のままでは昔っぽくて重い、袋帯にするには長さが足りない、名古屋と半幅の２本取るにはギリギリだし、帯地の傷みも気になる。生地のきれいな部分だけ使って裏地をつけ、格を感じさせる京袋にすれば、かしこまった場面にも締めていけますよ」と。やがて仕上がってきた帯は、小紋や付け下げによく映えます。１０００円の丸帯だったことは、格好の話のネタになりました。

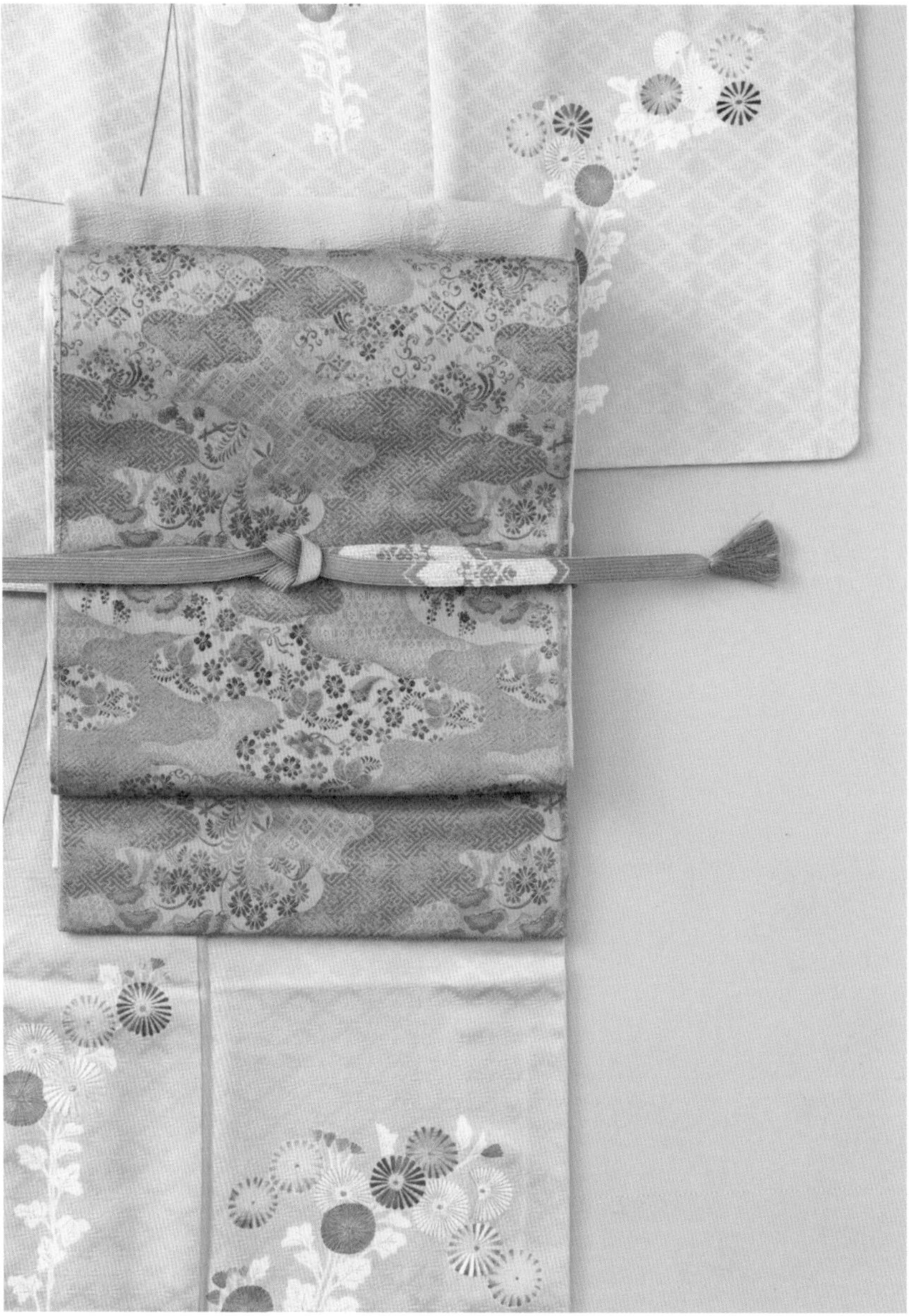

# バティックや藍染め、アジアの古い布を帯に仕立てて

アジアの布が好きなこともあり、ジャワ更紗やインドの木版更紗、堺や鍋島に渡来した和更紗など、何本か更紗帯を持っています。そこに、赤い更紗の帯を加えたいなあと思ってきました。それもすがれた赤がいい、自分への還暦祝いにしたい、と。でも、なかなかしっくりくるものと出合えずに、2年ほどが経ちました。

時々ぶらりと寄る青山の『古民藝もりた』で、なんとなく手に取った綿の古裂。広げてみたら好みの色と柄でした。インドネシアのサロン（男性が身につけるロングスカート状の布）だった布です。もしかして帯になるかもと測ってもらったら、いけそうですよ、と。ところどころ修復した跡も見えますが、いい帯になる予感がありました。更紗に慣れた仕立て師さんに柄の出し方を相談して依頼。「出来上がりました」と連絡があったのは1年後です。ちょうど還暦の年に迎えに行きました。

洋服であれ和服であれ、赤を身につけてこなかったのは、彩度の高い鮮やかな赤が気恥ずかしかったからです。でも、時間によって色褪せ、逆に深みを増したこんな赤なら、いまの私にちょうどいい。古いバティックのほどよい異国感が、着物をおしゃれに見せてくれることも知りました。

古い藍染めの布を見つけたのは、旅先のハノイの『INDIGO STORE』です。ムン族という少数山岳民族はいまでも、昔ながらのやり方で藍染めした糸を織っています。日本のきちんとした染織とは違い、荒削りですがそれも心惹かれる要素。一緒に行ったモデルの黒田知永子さんは淡い藍の素敵な絣を見つけて名古屋帯に、私は切り売りされて残っていたセールの布を買い、半幅帯に仕立てました。色ムラや柄の途切れもある染めは、矢の字や吉弥のようなさっぱりした結び方が似合い、年間を通して気楽な装いに重宝しています。

エキゾチックな色合いに惹かれた縞の帯は、『ミーリー工房』により制作されたもので、古くから遊牧民が伝承してきたジャジム織。使用されている座繰りのシルクは、藍や茜、ざくろ、くるみの皮などで染められています。細長く織られたキリムの一種で、経糸によって模様が織り出されます。柄違いの余り布２枚を継いで半幅帯にしているので、それを難と思う人が多いなか、私はちょっと面白いなあと興味惹かれました。合わせる着物によって幅出ししたり、あえて継ぎ目を見せたりして楽しんでいます。

きものの文様、絣の技法、更紗柄などは、ペルシャ、インド、アジア諸国から渡来したものが多く、それが日本流に洗練され、各地の貢納布として価値が高まり、染織の技術もより高度になっていったという歴史があります。アジアの古い布を見ると、着物や帯のご先祖さまに出合ったように思え、その素朴な味わいに郷愁を感じます。

**上**・インドネシアのアンティーク布を名古屋帯に。たれ、お太鼓、腹の部分にどの柄を出すのがベストか、岩間帯裁縫所でじっくり相談してお願いした。

**中**・２枚のジャジム織を継いで仕立てられた半幅帯は、イランの染織の真髄に触れられる貴重なもの。継ぎ目をあえて真ん中にして見せるのも面白い。リボン結びのアレンジで色柄を生かして。

**下**・ハノイで見つけた少数民族が織る藍染め布は、色止めを施して裏地をつけ半幅帯に。昔ながらの矢の字結びや吉弥結びが似合うように、短めに仕立ててもらった。

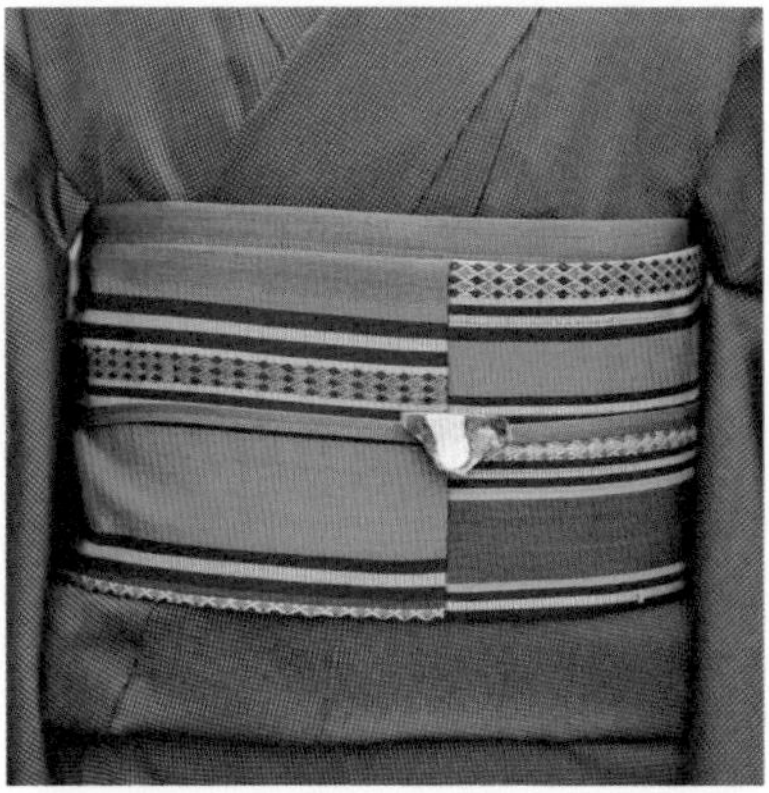

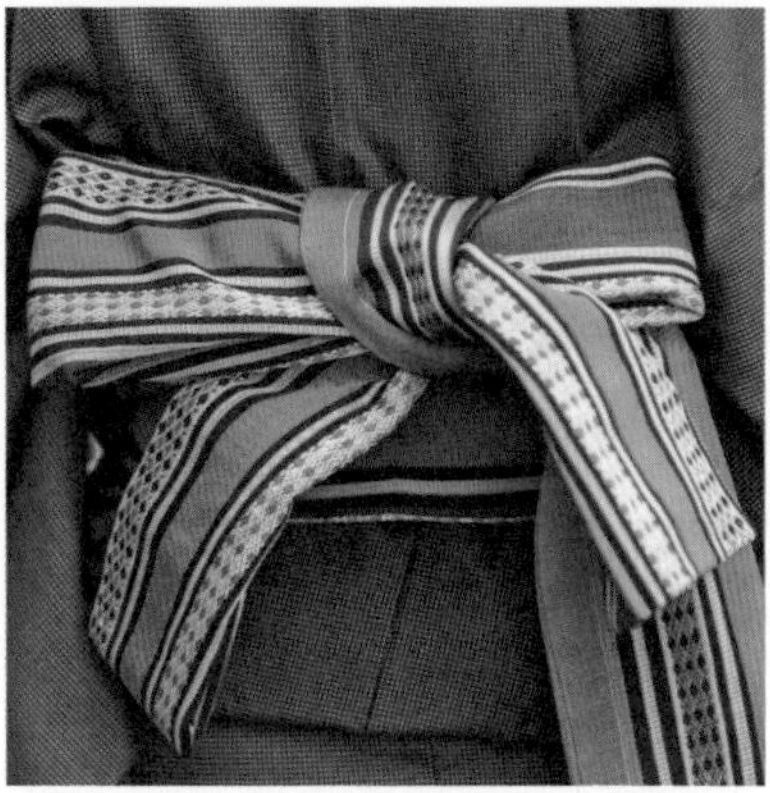

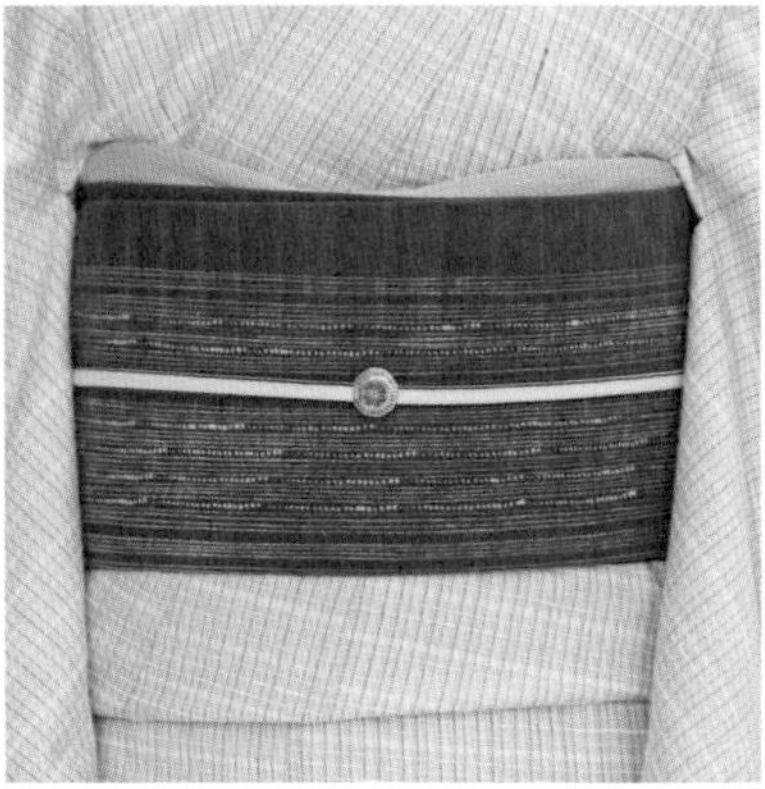

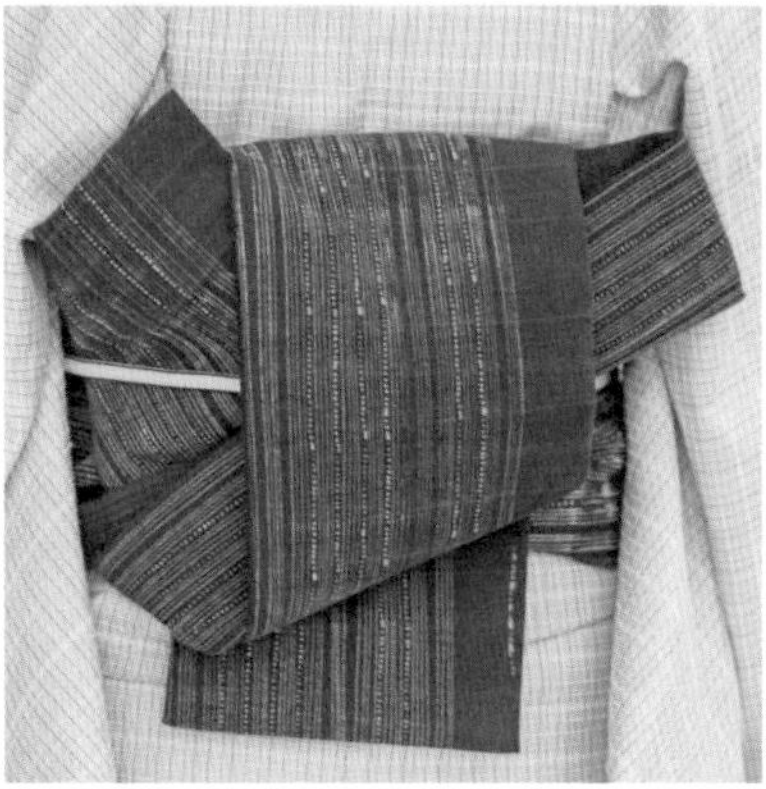

# 着れば着るほど冴える、日本の藍染めの深さ

「藍が枯れる」という表現があります。これは年数が経つにつれ、インディゴという物質が繊維のなかに浸透し、布がほどよく締まり、色は深みを増していくことを言い表しています。この枯れた藍こそ、私にとってのジャパンブルー。

何度も水が通り、絞りが緩んだ昭和の麻浴衣はくたくたです（右上）。でも、この藍の色は褪せることなく、洗濯して干すたびに冴え返るように見えます。徳島の阿波天然藍で染めた久留米絣も深い褐色と明るい瑠璃色の縞がたまりません（左）。藍染めで生み出される色は「藍四十八色」といい、いちばん薄い「藍白《あいじろ》」からもっとも濃い「止紺《とめこん》」まで、たくさんの色味が。浅葱《あさぎ》や縹《はなだ》、色名の豊かさも魅力のひとつです。藍は木綿や麻との相性がよく、アメリカのデニムをはじめ、世界各国で藍染め文化がありますが、国産藍を使用した木綿の久留米絣も世界に誇れるものでしょう。やはり阿波天然藍染めの大島紬も、20年ほどを経て藍が枯れ、これからどんな色を見せてくれるのか楽しみです（右下）。

藍を発酵させて作ったすくもにアルカリを加え、甕のなかでさらに発酵させ染料にすることを「藍を建てる」といいます。毎日手入れして元気な藍を建てるのは、生き物を扱う仕事に等しく、青く染まった職人の指先を見るにつけ、大事に着なくてはと思うのです。

# 着られなくなった古い着物も、帯として再生

大正時代の男物の着物をリメイクした帯は、シンプルな格子柄で絹と麻の混紡（下）。京都で古い庶民の布を扱う『ギャラリー啓』の川崎啓さんが、半幅帯好きの私の顔を見て、奥から出してくださいました。古い男物はいまの洋服に通じる色柄が多く、仕立て直して着物や帯にするととてもモダン。「上質な糸は洗うたびに強くなり、何度も蘇るんですよ」という川崎さんの言葉を実感します。

芭蕉布の帯も、古い着物から作りました（中）。年上のきもの友だちは価値のあるアンティークを見つけるのが上手で、少々難ありの着物は最初から帯にするつもりで見極めるそう。解いて洗った着物から帯が２本とれると、１本分の布を譲っていただきました。最初から織られた帯とはひと味違う柄がキュートです。「物心ついたころから、呉服店に勤めていた母の〝これは帯になりそう〟という言葉を聞いて育ったのよ」と笑う先輩の目利きぶりに感嘆。いまではそのクセが私にも伝染しつつあります。藍色の紬帯も着物リメイクです（上）。

傷みや汚れがあったり、着るには派手な着物も、いい味わいの締めやすい帯になって、新しい道を歩み始める。持ち主や役目は変わっても、こうして何度も人を喜ばせることができるのだから、布冥利に尽きることでしょう。

# 貴重な大島紬とは知らず、義母の形見で作ったコート

義母の晩年、きものを着て会いに行ったことがあります。そのとき「もしよかったらこれ、何かに使って」ともらったのが、解き洗いした古い大島紬でした。色づかいがメンズっぽく、マッキントッシュ風の和装コートになるような気がしました。

防水加工を施し、対丈（フルレングス）の着物衿に仕立て、秋冬の防寒や春先のちりよけ、雨コートとして着ています。軽くてシワになりにくく、畳むと小さくなるので、雨が気になるお出かけや旅行にも大活躍。役に立ってよかった、と満足していました。

ある日、大島紬に定評のある『銀座もとじ』へ着ていったところ、「そのコート、一元では？」と尋ねられました。「え、ヒトモト？」とスタッフの方たちが集まってきます。一元式は、経糸２本、緯糸２本を交差させて、風車のような絣をつくる織り方。かつてはメジャーでしたが、織り手の負担が大きく、いまでは希少品になりました。

見ていただいた結果、質のよい一元絣の大島だということが判明。もしそうとわかっていれば、絶対に着物に仕立てたはず。幸か不幸か、私が知識を持ち合わせていなかったことで、贅沢なコートが出来上がったのです。義母に見てもらえなかったのが、唯一の心残りとなりました。

# シミや汚れが取れない着物を、染め替えてみたら

私の持っている色無地や付け下げのほとんどは、もう着なくなった方からのお下がりです。その中に素敵なクリーム色の色無地がありましたが、そのまま着るには汚れが気になりました。シミ抜きに出してみましたが、古い汚れだったようで落ちません。そこで、シミがカバーできるくらいの茶色に染めてみることにしました。

生地は立涌文様で、地紋によって濃く見える部分と薄い部分があります。シミを隠したうえで、その模様の濃淡が生かせる色が条件でした。「やりがいがあるので、この色に挑戦したい」と、染め職人さんが選んだのが、紫がかった茶色。結果、まるで新しい着物を誂えたように、きれいな色無地が仕上がり、縫い紋も入れてもらいました。

もう1枚は、柄の向きが一方付けになった小紋です。これも取れない古いシミがありましたが、色も柄も気に入っているので現状を生かしたいとお願いしました。悉皆の方と考えて出した結論は、汚れの目立つところだけ色を挿し、まるで元からの模様のようにする方法。おとなしい青海波がいくぶんポップになりました。

シミが多いということは、それだけ前の持ち主が頻繁に着たという証。そんな愛され着物が新しい景色を見せてくれるのは、新品とは違う満足感があります。

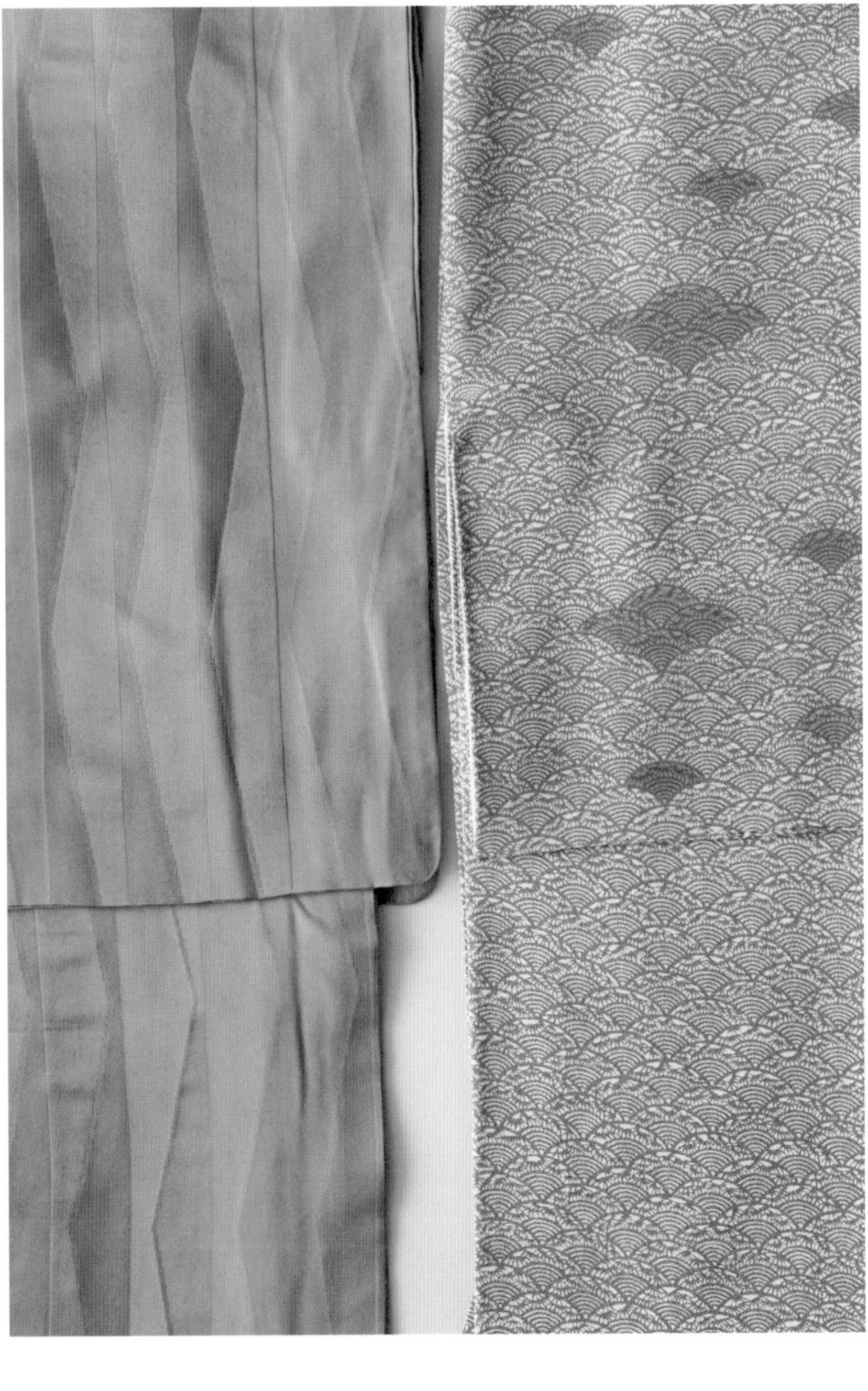

# 「裏勝り」の粋を味わえる、贅をこらした昔の道行

「裏勝《うらまさ》り」とは、羽織の裏地など、見えない部分に贅をこらすこと。江戸時代には度々、奢侈禁止令が出され、表は地味にせざるを得ませんでした。おしゃれを楽しみたい人たちは、羽裏で個性を演出したのです。明治以降は主に旦那衆の粋な装いとして、脱いだときにはじめて見える派手で遊び心に満ちた羽裏は欠かせませんでした。

その名残でしょうか。女ものの道行を何枚かいただきましたが、裏勝りの羽裏を見るにつけ、「これを誂えた人はどんな女性だったのかしら？」と興味が湧きます。桜をぼかし染めした小紋柄の道行の羽裏には、花びらが散る舞台で舞う女性が描かれて。品のよい外套を脱ぐと現れる、艶やかな絵にドキッとさせられます。桔梗の絞りが入った黒い道行の羽裏は白とピンクの牡丹柄、チグハグな季節感はどういう意図で取り合わせたのだろう、と不思議です。表の顔と裏の顔の対比、表の印象と秘めやかな表情のギャップは、どこか色っぽく、想像力を掻き立てられるのです。

いまでは羽裏専門の職人や問屋もわずかと聞きました。昨今、コートや羽織の裏地は、長襦袢の生地を流用することが多いようです。裏地にこだわり、そこに美意識を凝縮させた時代のゆかしさをまとうのも、いまや贅沢なことかもしれません。

日舞の演目『汐汲』の中、三蓋傘を持って踊る場面が描かれた額裏。誂えた方は踊りの名手？ と思うと、はんなりした気分になる。年明けから春先にかけてのお出かけに。

黒い道行は桔梗の絞りがあっさりしていてさりげないので、秋冬によく着て出かける。お店で脱いだときにパッと華やぐ羽裏が、目を楽しませてくれる。

# みずのしのぶさんの
# きものの話

「着れば着るほど、
着付けをめんどくさく
しているのは
私たちなのかもしれない、
と思うのです」

みずのしのぶ
名古屋在住の着付け講師。単発や出張のレッスンも人気。また「みずのの店」では、着物、帯、オリジナル小物の販売も。
https://ameblo.jp/ssss0607/
instagram@
shinobumizuno

インスタグラムで発信する
きものへの偏愛ぶりが、
フォロワーを歓喜させる
着付け講師・みずのしのぶさん。
日々発されるコトバには、
毎回真剣に着る人だけが知る
きものと着付けの真実が。
気になるコトバの裏側をお聞きしました。

イラスト、写真提供・みずのしのぶ

## 「布目を通す」という意識と感覚を身につけて

きものは直線断ちで、地の目が通るように仕立てられてます。その布目に逆らうと、シワや歪みの原因になります。まず、きものをピタリとからだに沿わせて、布目や縫い目を意識していただきたいんです。

鏡の前でレッスンすると、みなさん色柄とか衿ばかり見はって、布目が歪んでいることがあるんですね。実際、「布目を通して」といっても、わからない方もいらっしゃいます。そんなときは「鏡見ないで、上向いて、口開けて着てください」って言うんです。みなさま笑わはりますが、やってみたら「先生、枕がピタッとくっつきました」「わあ、きものがからだにフィットして気持ちいい」ってびっくりされます。教室ではいろんな伝え方をして、布目が通る感覚を身につけてもらってます。

布目が通っていると布を引いたとき〝ビン〟とするけれど、通ってないと〝ミヨーン〟ってなる。こういうこと、すごく大事やと思うんです。

## 裏ワザや時短のコツで着付けをごまかさない

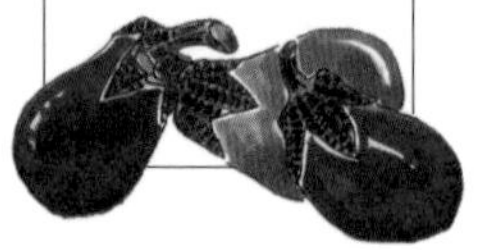

私は日々本気で「きれいって何やろう?」と自問自答しながらきものを着てます。きものの形と仕立ての意味、サイズや素材感の違い、コーディネートのイメージなどを考えて、毎回自分の狙い通りに着ることを目標に、マジメに丁寧に着ております。

その実践からひとつ言えるのは、きれいな着付けは、きものにもからだにも無理がないということ。だから崩れないし、見ていてお目目が気持ちいい。着ていてしんどいとか肩が凝るのは、きものにもからだにも不自然なことをしてるからかも。裏ワザや時短着付けがその原因になっていることも多いんですよ。

シワを引っ張って押し込んでも、無理やりあっちこっちで調整しても、着ているうちにジワジワ元に戻るし、ごまかせばごまかすほどおかしなことになります。シワには意味がある。そのシワがどこから来ているか原因を探るのが楽しい。例えば、おはしょりのおくみ線がズレたとき、それはどっち方向の歪みからくるのかを見ると、ズレを戻す方法が決まる。布にも縫い目にも行くべき方向があって、それに逆らっても無駄だと思うのです。

## しんどくない紐の位置、自分のからだに聞いてみよう

私が「パンイチで鏡の前に立って、骨と筋肉の動きを見ながら腰紐とか伊達締めを締めてみる」というと、笑われるけれど、きものの形にも着付けにも「ことわり」というんがあると思っているので、私はそこを極めたいんです。

しんどいのは紐が骨とか内臓を圧迫してるから。肋骨にコーリンベルトの金具が当たっていたり、胃の上に結び目が乗っていれば、苦しいのは当たり前。そこで締めれば姿勢が定まり、背筋が伸び、コアがしっかり意識できるドンピシャの位置がどなたにもあります。自分の骨格とかお肉のつき方に合った場所を知れば、紐をぎゅっと締めることは苦痛じゃなく、気持ちよさに変わりますよ。

重さのある着物と帯を支えるのは腰。肩が凝る人は、洋服のように肩で着ているからかもしれません。肩は本来、布がトンと乗ってるだけで重みを感じる場所じゃない。むしろ肩はラクなはず。きものは肩じゃなく、腰で着る衣服だと思うのです。

そして、正しい位置で紐を締めれば、自ずとラクなところに結び目が入り、緩まないようにできてるんです。きものってすごく理にかなっているし、上手くできてる。

レッスンのときに感じるんですが、みなさん紐が緩いんですね。紐にはちゃんと紐のお仕事をしてもらわんとあきません。しっかり締めてください。帯締めもただの飾りじゃないですよ、「きっちり締める」のが紐のお仕事です。

## 着心地のよさを生み出す
## いい姿勢と動作

紐はしっかり締める一方で、着物は力を入れて引っ張らないように気をつけて。みなさんシワを伸ばそうとして下に引っ張りはるけれど、そうではなく布をスライドさせる、合わせ目をからだの中心に向かって押さえる、布の重なりを均等にする……そういった手の動きだけで着られます。着物はぴたりとからだに巻きつけるだけ、それをキープするために紐を意味のある場所でぎゅっと締めるんです。着物をグイグイ引っ張って、紐はゆるゆるというのでは本末転倒だし、肩こりの原因にもなりがちです。

帯も同じで、後ろ上がり前下がりにしたいなら、前帯を下げようとするよりも、お太鼓を上げることのほうが大切だったりします。下に引っ張るという無意識の動作をやめて、からだに沿わせる、布を整えることを意識すると、着心地が変わります。

もうひとつ大事なのは姿勢。いい姿勢は、天然の補整になります。姿勢が前のめりになったり、肩が内側に巻いたりしているときれいに着られません。紐を締めるときは、肩甲骨を寄せて、肩を落として胸を開くように。肩を上下させたり、猫背で下向いてると裾線もズレるし、下腹も出るし、衣紋もきれいに抜けません。いってみればちょっと偉そうな態度で着るのがポイント。トラックがぶつかってもビクともしない衣紋は、いい姿勢で着ることにかかっていると思います。

## 帯締めと帯揚げで臥龍点睛とする

頑張って着付けて、最後の最後、帯締めと帯揚げで苦労されている方も多いです。帯周りは目立つし、萌えポイントなので、丁寧にゆっくり時間をかけて楽しんでいただきたい。

　帯揚げをきちんと布目が通るようにテンションかけて結ぶと、ツヤツヤに輝くし、帯締めの組み目がよじれないようにきっちり結ぶとアウトラインが際立ってくるんです。着物や帯だけでなく、帯揚げにも布目があるし、紐には組み目がある。それらをすべてきちんと通したときの美しさは、絶対に誰のお目目にもなんだかきれいだと映るはず。脳が気持ちいいと認識するんです。

## 「そもさん」「せっぱ」きものの神様と禅問答

　最近、私は補整も削ぎ落として、素で着てみています。和装ブラさえなくていいかも？　と。防弾チョッキみたいな補整下着とか、胸を潰す和装ブラとか、大きな腰パッドとか……本当にみなさまに必要なんやろか？　他に原因があるんと違うか？　私は着付けの常識や固定観念を疑っています。きちんと検証して納得したものだけお伝えしたいのです。世の中の時短裏ワザ的着付けとは逆方向かもしれない精進をして、着方の向こう側、着付けの先にあるものを見たいんです。

「今度はこうしてみよう」とか「もしかしてこうしたらいいのかも」とか、真剣に着ていると

きもののかみさまが「やってみなはれ」と言ってくれる。「そもさんそもさん」とニヤニヤ笑って見てはる。私は「せっぱ」と着てみる。着付けって禅問答みたいなものかもしれませんね。

日本には自然万物にかみさまがいはるという八百万の神の考えがあります。日々の生活は「明日も平穏無事でありますように」という祈りとか感謝、儀式でできているのではないかと。「食」にも「住」にもかみさまがいはります。そして「衣」にも。

きものはファッションのひとつかもしれないけれど、かといってただの着るものとは違う。やっぱり何か宿っているような気がします。丁寧にお手入れしたり、きちんと畳んでしまったり……そういう心持ちが着姿にも出るんやないかと本気で思っている、そういうタイプです。

## 自分のものであって、自分のものじゃない感じ

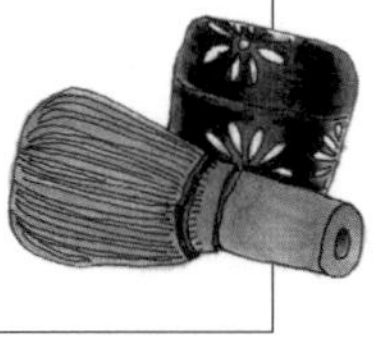

着物も帯も帯留めも、確かにいまは自分が着て使っているけれど、どこかでそれは自分ひとりのものじゃなく、いずれ違うお人のところにいくものだと思ってます。

その帯留めがうちにあるのは、うちに来たかったから。羽織が帯になったのは、そうして欲しがっていたから。誰かから誰かへ受け継がれたり、着物や羽織が帯に変身したり。カッコいいものは、ほっといてもずっと残るしつながっていく。

そういうものを髪型やメイク、小物で盛って、ストーリーを作るとき、きもののスゴさを思い知るわけです。盛っても盛っても受け止めてくれる。髪をピシーッとなでつけて、大橋巨泉風の黒縁メガネかけて、ビッグバンドのジャズマンみたいに決めたいとか、黒い長羽織着てカラーレスなメイクして、昭和の富豪の未亡人みたいに装いたいとか……。いろんな時代のカッコいいな！　を自分のいまのきものに落とし込む。着るたびに心が震えて飽きることがない。きものってそういうものかなあと。しらんけど。

忠

## 第四章

# こうでなければという着こなしに縛られず、遊び心と冒険心できものをもっと日常に

美しく優雅なきものに憧れる一方で、ここ数年、気楽な普段着をこよなく愛してきました。その昔毎日きもので過ごしていた方たちからのお下がりが増えたことも一因ですが、肌になじんだ働き着の着心地は心丈夫で、性に合うのです。

私の日常は半径1㎞にすっぽり収まっており、その外へ出る機会はさほど多くありません。自然とご近所さん向きのカジュアルな装いが増え、汚さないよう気を使うものは出番が減りました。

きもの＝ドレスアップと考える方もたくさんいらっしゃいます。むしろそれがふつうかもしれません。ハレのきものは心浮き立つし、その高揚感は特別。でも、私はおむすびとお味噌汁みたいなきものが好きなんだと気づきました。

はぎれを切って帯揚げや半衿にしたり、ソックスにサンダルで買い物に出かけたり、タートルネックに紬を重ねて仕事をしたり……。和洋の垣根を飛び越え、身近にあるものをとり合わせることもしょっちゅうです。きものは自由、と思えるようになりました。

和装の世界の扉をそっと開けつつ、こちこちしていた7年前の私は、もういません。もっと遊びたいし、冒険したい。コンサバに着るのも好きだけれど、ちょっとしたミスマッチも楽しみたい。おしゃれって、そういうものだと思うから。

# 新素材浴衣にパナマ帽、ちょっとはずして真夏の無礼講

編集とライターの仕事で長くご一緒している雅姫さんは、モデルとして、ショップのディレクター、衣食住のプレゼンターとして多くのファンを獲得していらっしゃいます。そんな彼女が3年前からデザインを手がけているのが、京都丸紅とのコラボレーションブランド『つやび』です。私はそのラインナップから〝セオアルファ〟という最先端ポリエステル素材の、ひまわり柄の浴衣を求めました。

洗濯機に放り込んで洗い、干したら30分で乾き、アイロン要らずという驚きのメンテナンスフリー度。化繊ならではの鮮やかな発色とさらりとした質感も案外楽しく、京都祇園『ない藤』の〝JOJO〟という草履型サンダルを合わせたり、夏帽子をかぶったり、くだけたコーディネートをすることも増えました。古典浴衣に下駄、日傘をさしてという姿ももちろん大好きですが、Ｔシャツに短パン、ノースリーブワンピースの人たちとの真夏の集まりには、こんな格好が意外にハマるのです。

以前参加した隅田川の夕涼み会で、年配の男の人たちが浴衣にパナマ帽でゆったりくつろいでいるのを見たとき、「カッコいいなあ」と思いました。男もすなる浴衣とパナマ帽の組み合わせ、女もしてみんと模索しています。

# 帯を飾るものは、リメイクや手作りも楽しんで

帯留めを付けたり、根付を下げたり……。ちまちま帯を飾るのは、おままごとのような楽しさがあります。瑪瑙や翡翠などの繊細な細工の帯留めも持っていますが、一方で材料費300円ほどの自作も活躍。チープな素材も微笑ましいものです。

2年前の京都で「いつもインスタグラムを見ています」とお声かけてくれた西直美さんは、ヴィンテージアクセサリーパーツのお店のオーナーさんでした。後日立ち寄ってみたところ、可愛いパーツのなかには帯の飾りに使えそうなものがたくさんあり、ミツバチと花のパーツを帯留め金具に接着剤でつけたり、メダイに紐をつけてクリスマスの時期の根付にしたりしました。そんな遊びを知ったのも西さんとの出会いのおかげです。

父が母に贈った婚約指輪や、夫からのパールのリングも、帯留めにリメイクしました。アンティークの陶片を帯留めにしてプレゼントしてくれたのは、黒田知永子さん。こうして集まった帯周りの小物を眺めていると、まるで大人のおもちゃ箱みたいで、「何も何も、小さきものは、みなうつくし」という『枕草子』の一文を、つい口ずさんでしまいます。

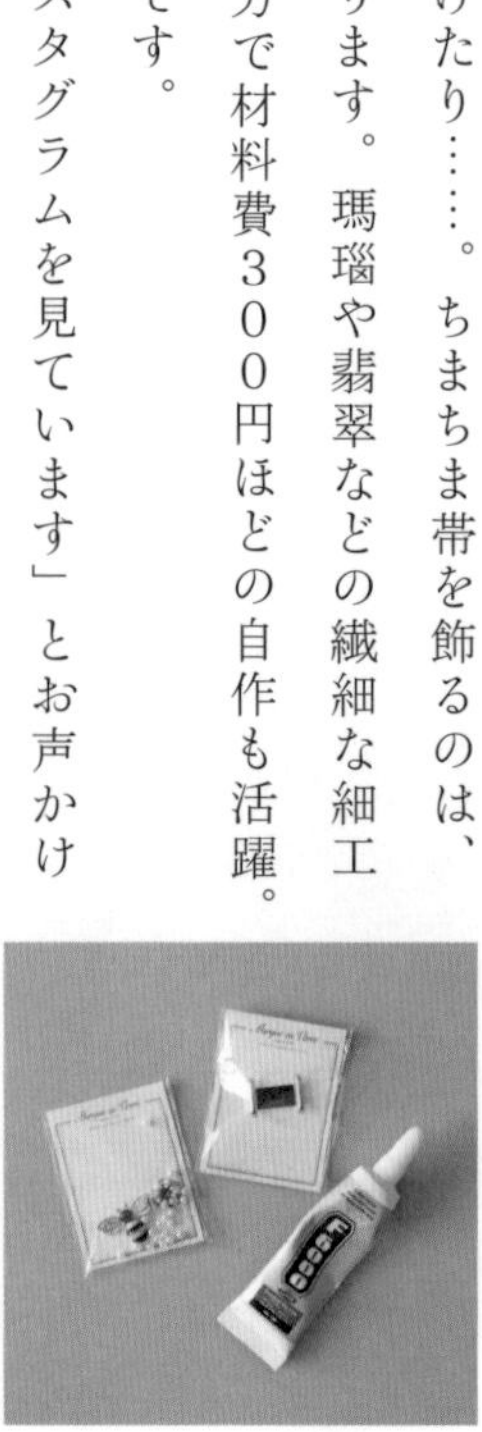

ミツバチと花、粒パール。ピアスパーツを接着剤でつけただけ。

よく謂れを尋ねられるこの陶片も、黒田さんからいただいた。

アンティーク市で見つけた陶片を帯留めにしたのは、黒田さん。

金沢で見つけた中嶋寿子さんの陶器のブローチも帯留めとして。

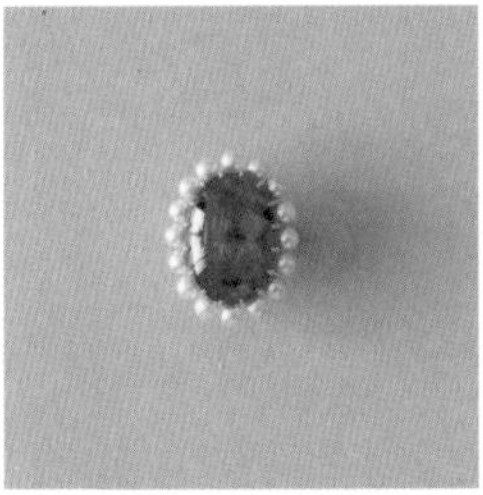

父が母に贈った指輪のルビーにパールをあしらってリメイク。

メダイのパーツに帯留め金具をつけて、クリスマスの時期に。

きれいな色に惹かれたこのパーツは、確か300円くらいだった。

指輪のバロックパールは、シルバーのローレルにセットして。

韓国のチマチョゴリの飾りは、パーツをつけて根付にした。

メダイのペンダントトップに根付紐をつけて12月の帯飾り。

道明の魚の佩飾は、懐中時計をつけて。組紐も素敵なポイント。

亥の古帛紗は友からの贈り物。同じ裂の匂い袋は帯の内側に。

# 余り布の使い道が多いのも、リサイカブルなきものならでは

銀座の呉服店『むら田』の主人・村田あき子さんは「どんなに小さい布にも使い道があります」とおっしゃり、更紗の古裂で古帛紗、菓子切りや爪楊枝のケースを作っていらっしゃいます。京都『ギャラリー啓』の川崎啓さんには、「昔は〝小豆3粒包める布は捨てない〟と言われたんですよ」と教わりました。直線断ちのきものはリメイクに適し、私も羽織や帯の余りでオーダーしたバッグ、帯地から作られた名刺入れや針山などを愛用しています。

この小粋なポーチは帯地から。手描きジャワ更紗の帯（p52）の残りがあるという話を、青山のセレクトショップ『イトノサキ』のオーナー・畔蒜恵さんにしたら、「イベントをご一緒した記念に、ポーチに縫いましょうか」とご提案くださり、お言葉に甘えました。手縫いで内側も可愛く、ボタンもおしゃれ。洋装のときも持ち歩いています。

知り合いからいただいた紬のはぎれは、草履と下駄の鼻緒になりました。4×40㎝ほどで鼻緒が1本作れます。東京の神田明神参道にある『神田胡蝶』に布を持ち込み、鼻緒を作ってもらい、ひとつは手持ちの下駄にすげ替え、もうひとつは草履の誂えに使いました。布の使い方、仕立て方で鼻緒の雰囲気が変わるし、それによって前つぼの色や素材選びも変わります。履物の世界の奥深さを知ることができ、細部に宿る美にワクワクしました。

帯の残布で縫ってもらった手描きジャワ更紗のシルクポーチは、
きものの日も洋服の日も持ち歩くほどのお気に入り。

私には似合わなかった下駄の鼻緒を、好みの布で作りすげ替えてもらったら、まるで別物に。色の出し方、前つぼのセレクトも大成功。

生成りとグレーのぼかしは、リザードの草履の鼻緒に。色の出し方次第で印象も一変。「女夫」という革とダブルになった仕立てでシャープに。

# ソックスにブーツ、頭巾をかぶって
# 真冬ははいからさん風にトライ

２０１９年の京都への取材旅は、和のジャンルがテーマで、雅姫さんのきもの撮影もあり、せっかくだからと和装で出かけました。底冷えのする冬、久留米絣を着て、ハイソックスにショートブーツ、カシミアロングカーディガンにマフラーを巻き、新幹線に乗りました。ほかに同行者が３人いましたが、誰も私がきものだと気づきません。最初の取材先でカーディガンを脱いだとき、「あら、きものだったのね！」と驚かれました。

　きものは寒いときのほうが心地よく着られますが、難点は足もと。首はショールや襟巻き、腕は長手袋やアームカバーで防寒できても、足もとはこれといった画期的なものがありません。そこで『はいからさんが通る』風にブーツを合わせてみようと思ったのです。カジュアルな生地の着物を短めに着て、すっきりしたショートブーツを合わせれば、違和感なくなじんで見えるものです。以来、冬カジュアルにブーツが登場する回数が増えました。

　ポイントは堂々と着ること。ブーツを中途半端に隠そうとせず、ソックスまで見せるくらいの気持ちで短めに着付けます。そして、バッグやマフラーなど、洋装で使っているものを積極的に加えること。そうするとブーツの洋のテイストが中和されます。30年前に買ったファーの頭巾もこうしてきものの役に立ってくれました。

# スカーフを帯揚げに使ったら、おしゃれなアクセントに

仕事のパートナーで友人、今回の本では二章の写真を撮ってくれたセンス抜群のスタイリスト・佐伯敦子は旅仲間で、旅先ではいつも同部屋です。３年前の台湾旅行、私は和装オンリーで出かけました。ある朝、クローゼットにかかっているスカーフを見て閃きました。今日のきものにぴったり！「ねえ、貸して」と帯揚げにしたのです。お下がりの綿着物と古い更紗の帯でしたから、その『ボッテガ・ヴェネタ』のスカーフはコーディネートの中で、いちばん高価だったに違いありません。

シルクのスカーフはもちろんのこと、最近では風呂敷やリバティプリントの布、長襦袢の余り布など、いろんなものを帯揚げに流用しています。うまくいくときもあれば、失敗もありますが、身近にあるものが使えたらラッキーくらいの気持ちです。

きもの友だちのなかには『エルメス』のスカーフを羽裏に使ったり、古い『ルイ・ヴィトン』のモノグラムの革を草履の天にしたりする、リメイクの達人もいます。海外ブランドの名品は和装にマッチし、バッグなどは特にいいアクセントになることが多いのですが、それは卓越した職人技、素材の上質さ、時代を超える完成度の高いデザインが共通しているからでしょう。美しいものは、用途も国境も軽々と超えていきます。

上田紬とインドの木版更紗には『クリスチャン ディオール』のスカーフを合わせて。モード感のある上質な素材と色柄がおしゃれなニュアンスを醸し出す。

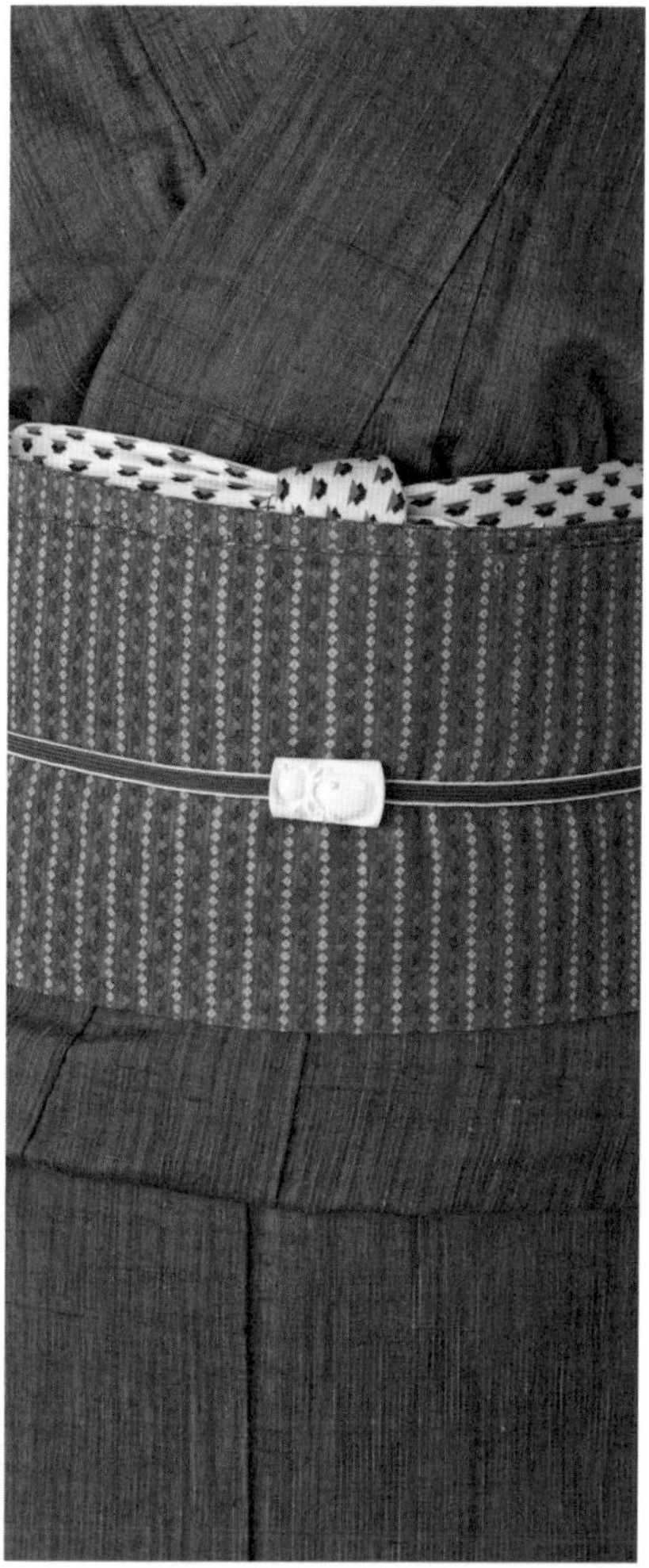

お下がりの紬と大正更紗の帯に『ボッテガ・ヴェネタ』の艶やかなスカーフが妙に合う。大判サイズはまず三角に折って、半分に畳んで細長くして結ぶ。

# ごわごわ？　いえ、柔らかです。
# デニム着物の予想を上回る着心地

インスタグラムのきもの投稿を見て、デニム着物の存在を知りました。デニムは重くて硬くて着づらいのではないかと想像しましたが、みなさんの姿はすっきりおしゃれで、淡いベージュもあれば、ストライプや小花、水玉など色柄も豊富です。２０２０年、ステイホーム期間の５月、これなら掃除や炊事もじゃんじゃんできて気楽かもしれないと思い、ネットショップから、仕事でご縁のある岡山の児島デニムを選びました。

はじめて着たとき、その柔らかな生地とからだになじむ着心地にびっくりしました。既製品でしたがサイズ感も問題なく、すぐに家着物としてスタメン入り。半幅帯を結んだり、はぎれやスカーフの帯揚げを合わせたり、派手なソックスをはいたりして過ごしました。デニム着物が仲間に加わったことで、私の意識も変化したように思います。若い人のように、アバンギャルドに着ることはしないけれど、かといってよそゆきのようにオーソドックスにまとめるのもつまらない。どこかにお茶目な要素を入れながら、大人の着こなしをしたい。そんな気持ちが強くなりました。

時間と手間をかけて地機で織られた結城ちぢみを愛おしく思いながらも、デニム着物をやんちゃに着る日もある。それが私の日常です。

# おわりに

前著『きものが着たくなったなら』を書いてから2年、きもの初心者からベテラン、その道のプロまでたくさんの方との出会いがありました。デパートや呉服店、売る側の立場の方たちとお話をする機会を得ましたし、産地産元や作り手の方たちとの交流も増えました。私自身きものを着用する場面が増え、着こなしのレパートリーも広がったと思います。

さまざまな対話と経験を積んだことで、きものに対する考え方も少しずつ変化しました。より柔軟に、個人主義的になったように感じています。そのことを率直に書いてみてはどうかと背中を押され、２冊目を書き上げることができました。

前著と同じく、編集担当は秋山絵美さん、ブックデザインは渡部浩美さんの最強タッグ。着用写真を撮ってくれた中川正子さんは阿吽の呼吸で通じ合える仕事仲間ですし、物写真を担当してくれた公文美和さんとは20年来の付き合いです。ヘアメイクの徳田郁子さんは公私ともども親しい同い年、草場妙子さんは年下ですが、化粧品やメイクの相談にも乗ってもらっています。着付けは今回も全幅の信頼を寄せている石山美津江さんにお願いしました。二章は、京都きもの市場のｗｅｂメディア「きものと」での連載コラム『つむぎみち』からピックアップして加筆訂正しました。その写真は仕事のパートナーであり、スタイリストである佐伯敦子が撮影。また、コラムでインタビューさせてもらった着付け講師・みずのしのぶさんにはイラストまで描いていただき、楽しい時間を共有できました。さまざまに協力してくれたきもの友だちにも感謝いたします。

### 西村織物

www.nishimura-orimono.jp
風神雷神の帯（P37）

### 手描きジャワ更紗レイシア

www.facebook.com/javasarasa.Reisia
ジャワ更紗帯（P50 ～54）、更紗の内袋がついた革バッグ（P110 ～ 111、P121）

### COCOON 西川はるえ

textile-cocoon.com
イラクサと大麻の帯（P55 ～59）

### kimono gallery 晏

www.kimono-an.com
インド木版更紗の帯（P19と P145）

### 京都きもの市場

www.kimonoichiba.com
誉田屋源兵衛の芭蕉糸の帯（P72 ～73）

### 灯屋２銀座店

www.akariya2.com
ざざんざ織の着物（P104 ～ 105）、紫根染の帯（P104 ～105）、浦野理一の継ぎ帯（P102）

### ギャラリー啓

www.gallerykei.jp
アンティークの半幅帯（P118 ～ 119）、大正更紗の帯（P145）

### イトノサキ

itonosaki.tokyo
カシミヤロングカーディガン（P142 ～ 143）、樺細工の下駄（P56 ～57）、数寄屋袋（P43）

### 神田胡蝶

www.zouri.co.jp
鼻緒のお誂え、草履と下駄（P140 ～ 141）

### T.O.D

www.todjewelry.jimdo.com
瓢の羽織チェーン（P38 ～39）、月と雲の帯留め（P34 ～37）

### マークアンヴェール

minne.com/marquekyoto
アクセサリーパーツ（現在、実店舗は閉店）（P138 ～ 139）

### yunahica

www.yunahica.com
ちりめんのエコバッグ（P2と P134）


撮影協力

・**旧安田楠雄邸庭園**
（P13、28～29、43、100～101、103、105）

満開の桜を背景に琵琶の演奏を聴いたり、五節句の行事に参加したり、公開日にはきもので、素晴らしい建物とお庭を訪ねる。

東京都文京区千駄木5丁目20-18

・**文京区立森鷗外記念館**
（P39、41、42、48、110～111、121）
きもので過ごすことも多かった鷗外、貴重な資料をもとにした企画展は毎回楽しみ。素敵な建築や落ち着くカフェもお気に入り。
東京都文京区千駄木1-23-4
https://moriogai-kinenkan.jp/

・**栄屋食品店**（P21）

・**佃忠 田端銀座店**（P134）

# お問い合わせ先

着物と帯のほとんどは、まったく同じものは手に入りませんが、お店や工房のホームページを訪問してみてください。

素晴らしい作品やものづくりの精神などが伝わってきます。

## 銀座もとじ和染

www.motoji.co.jp
紗の薄羽織（P38）、藍形染まつばらの長板中形（P70～74）、小山憲市さんの上田紬（P11とP85～89、P145）、紙布の八寸帯（P24）、イラズムス千尋さんの丹波布の帯（P25とP95～99）、明石ちぢみ（P60～64）

## シルクラブ

silklab.com
小格子の小千谷ちぢみ（P16）、小宮康正さんの江戸小紋（P26～29）、ジャジムの半幅帯（P114～115）、菊地信子コレクションの黄八丈（P50～54）と薬研の帯（P134とP147）

## 花想容

www.kasoyo.com
琉球紬（P13）、しょうざん生紬（P55～59）、単衣の大島紬（P75～79）、藍染の大島紬（P117）、久留米絣（P117）、結城紬（P90～94）、江戸解の帯（P29）、山岸幸一さんの八寸帯（P24）

## 着物乃塩田

www.shiota-shouten.co.jp
洛風林の風車（P25）、雲取文の八寸帯（P24とP80～84）、服部綴工房の爪掻本綴れ帯（P36）、単衣の本塩沢（P39）

## あら船

www.arafunekimono.com
単衣の色無地（P36～37）、雪輪の付け下げ（P42とP48）、川島織物の袋帯（P43）、丸帯（P108～109）、喪の帯（P30～31）

## 染と織たかはし

www.okimono.jp
芝崎重一さんの木綿座繰り紬（P18～21）

## 銀座むら田

www.ginzamurata.co.jp
和更紗の帯（P107とP149）、駒田佐久子さんの帯（P92～93）

## 池之端藤井

ikenohatafujii.com
洛風林の花曼荼羅の八寸帯（P21とP25）

## 紀亀の帯

snorikame.stores.jp
ミナペルホネンのテキスタイルを使った帯
「タンバリン（P13）」「パス（P16）」

## 藤田織物

www.fujitaorimono.co.jp
ドット＆クロスライン八寸帯（P23とP25、P75～79）

## フォリア工房

www.foglia.jp
仁平幸春さんの塩瀬帯（P85～89）、甲斐凡子さんの染め帯（P39）

## 工芸こはく

www.kogei-kohaku.jp
美術工芸啓の帯（P41、P42、P48）

## 遊生染織工房

www.tsuikinoriko.com
築城則子さんの小倉織の帯（P44～45）

山崎陽子　yokoyamasaki

1959年福岡生まれ。マガジンハウスで雑誌『クロワッサン』『オリーブ』『anan』編集。その後、フリーランス。『クウネル』（マガジンハウス）『エクラ』（集英社）『つるとはな』創刊から編集、ライターとして参加。女性誌、ムック、書籍の編集、ライティングの仕事をしながら、洋服ブランド『yunahica』を立ち上げ。きもの歴は7年に。インスタやさまざまなイベントでの肩ひじ張らない洒落た着こなしが人気。instagram@yhyamasaki


※第二章は、『きものと』（京都きもの市場Webメディア）連載、「つむぎみち」を大幅に改稿して収録しました。着付け、ヘアメイクは著者によるもの。


写真　中川正子（カバー、P1〜3、10〜21、28〜33、38〜43、47、48、100〜101、103〜107、110〜111、113、115、121、134、137、143、147、149）
公文美和（P24〜25、36〜37、45、102、109、117、119、123、125、138〜139、141、145）
佐伯敦子（P23、第二章）
着付け　石山美津江
ヘアメイク　草場妙子（カバー、P1〜3、10、16、18、21、31、33、47、113、137、143、147、149）
徳田郁子（P13、28〜29、39、41〜43、48、100〜101、103、105、111、121）
ブックデザイン　渡部浩美
DTP　五野上恵美（技術評論社）
編集　秋山絵美（技術評論社）
取材協力　みずのしのぶ（P126〜133）
撮影協力　馬場利弘、田ノ口有希、千葉和子


# きものを着《き》たら　どこへでも


2021年4月30日　初版　第1刷発行

著者　山崎陽子《やまさきようこ》
発行人　片岡巌
発行所　株式会社技術評論社
東京都新宿区市谷左内町21-13
電話　03-3513-6150　販売促進部
03-3513-6166　書籍編集部

印刷・製本　株式会社加藤文明社





ISBN978-4-297-11982-9 C2077
Printed in Japan